大暴落の夜に長期投資家が考えていること

ろくすけ

星海社

324
SEIKAISHA SHINSHO

はじめに　インデックスから個別株投資に転換した私の投資遍歴

投資家のろくすけと申します。私は二十代で株式投資を始め、二十数年を経て投資で三億円の資産を築《きず》くことができました。私の投資を成功に導いてくれた思考法の本質を、本書でみなさんにお伝えしたいと思います。

私の投資スタイルは、これと見込んだ株を買って何年も保有し続ける、個別株の長期投資です。現在、新ＮＩＳＡで投資を始めた人を中心にインデックスファンド（国内外の株価指数に連動した投資成果を目指す投資信託）への投資が人気ですが、私の投資スタイルは真逆と言っていいかもしれません。

しかも、私は二十数年前にインデックスファンドのつみたて投資を始めたのですが、やがて個別株投資に転換し、一切のインデックスファンドへの投資をやめた経緯があるため、時代に逆行する投資スタイルにも見えるでしょう。

しかし、本編で詳しく語るように、個別株長期投資だからこそ株式市場のメカニズムを利用しながら大きく資産を増やすことができる面があります。私が個別株長期投資にたどりつくまでには、次のような紆余曲折《うよきょくせつ》がありました。

私は1999年、インデックスファンドのつみたて投資から株式投資を始めました。私が投資を始めた1999年頃は、令和の今とは違ってインデックスファンドの存在もまだそれほど個人投資家に知られておらず、つみたて投資も非常にマイナーな手法でしたが、私は投資初期、その手法を淡々と続けることで着実に資産形成することができました。

2000年にはITバブルによる株価の大きな上昇と、その後のバブル崩壊での大きな下落の両方を経験しました。しかし、不思議なことですが、その頃の記憶はあまり残っていません。株価の値動きに一喜一憂《いっきいちゆう》せず、ただただ淡々とつみたて投資を続けていたからだろう、というのが当時を振り返っての分析です。

そのように、幸いにしてITバブルによる株価高騰《こうとう》にも、その崩壊による株価暴落にもあまり大きな影響を感じることなくインデックスファンドへのつみたて投資を続けていたのですが、私は2006年頃から投資方針を大きく転換することにしたのです。

その頃に私がまず行ったことは、インデックスファンドを解約して現金化することでした。長年親しんできたつみたて投資をやめてポートフォリオを現金化し始めた原因は、当時たずさわっていた仕事を通じて感じた、不動産市況におけるある種異様な昂揚《こうよう》感、ウェイウェイ感でした。当時の私はまだ会社員として働いていましたが、仕事上でお付き合いのあった不動産開発業の人たちの振る舞いや態度、お金の使い方などを見ていると、これはバブル的ではないかと感じたのです。同時に、株式相場の数値や値動き自体からも過熱感を覚えていました。そうやって周囲の様子や、株式相場から大きな変化の兆《きざ》しを感じ取ったことで、これまで淡々と買い付けていたインデックスファンドを徐々に解約して現金に換えていったわけです。

その予感は的中し、2007年になると米国の住宅価格が下落に転じ、サブプライムローンへの懸念《けねん》がじわじわと意識され始めました。

サブプライムローンとは低所得者層など信用が不十分な人向けの住宅ローンです。借り手の信用が不十分なわけですから、そもそも回収可能性に難があるわけです。しかし、仮に借り手からの回収は難しくても、ローンの担保である住宅の価格が上昇さえしていれば大枠としては問題ない——そんな建て付けの住宅ローンがサブプライムローンでした。ところが住宅価格が下落し始めるとその評価は一変します。借り手からの回収可能性がそもそも乏しいうえに、回収の可能性の実質的な拠《よ》りどころとなっていた住宅価格が下落すると元本全額の回収が難しくなります。そこからサブプライムローンの担保物件には巨大な含み損があるのではないか、資産価値が大きく毀損《きそん》されているのではないか、という懸念が株式市場にも広がり始めたわけです。

リーマンショックの前年の2007年から、こうした懸念が株式市場をしだいに不安定にし始め、株価は下落基調に入っていました。そのとき私は「**この株価は安いのでは？　チャンスだ！**」と感じられる企業が徐々に増えていることに気づき、割安《わりやす》と感じられた企業の株式を自分で選んで個別で買っていこうと決断したのです。2008年3月頃、インデックスファンドの解約でできた現金で個別企業の株式投資へと乗り出しました。

ところがその半年後、2008年9月にリーマンショックに遭遇《そうぐう》します。ショックの震源となった米国の代表的な株価指数の一つ、ダウ工業株価平均はリーマンショックの前月、2008年8月末では11543ドルだったのが翌9月末には10850ドルと6％も下落したのをきっかけに、2009年3月には高値からほぼ半値となる6469ドルまで下落しました。

米国での株価暴落は世界中に広がり、日本の株価も大きく下落となりました。日経平均株価は2008年8月末時点で13072円でしたが、9月末には11259円と1ヶ月で13・9％下落しました。この後も株価はズルズルと下落を続け、半年後の2009年3月には7021円まで下落しました。歴史に残る株価大暴落です。

この株価大暴落で私の資産も大きな評価損を抱《かか》えることになりました。しかし、私はその評価損にうろたえず「狼狽《ろうばい》売り」などの衝動《しょうどう》的な行動をとることはありませんでした。ここで強調しておきたいのは、数年に一度、必ずと言っていいほど訪れる**株価急落、暴落の場面では、「狼狽売り」などの衝動的な行動は絶対に慎むべき**だということです。後ほどじっくりと説明しますが、これだけはぜひ覚えておいてください。

私はリーマンショックから始まった株価大暴落でいきなり大きな評価損を抱えてしまいましたが、それ以降もひたむきに個別株長期投資を続けて数億円の資産を築き、自宅も個別株を売却したキャッシュで購入でき、今では会社員生活を辞して株式投資で得られたお金でゆったりと暮らすことができています。

この水準まで株式投資によって資産を築けた理由を考えると、大きく二つのポイントがあると私は考えています。

一つ目のポイントは、投資をするにあたっての「**自分自身の心理のコントロールができていること**」、二つ目のポイントは、「**自分の価値観に合う企業を選び、自分なりに見積もっ**

た株式の価値に基づいて投資判断を行うこと」です。本書を手に取ったみなさんには、この二つを深く理解した上で投資に臨《のぞ》んでいただきたいと思います。

この二つが欠けていると、株価が暴落したときに無用な不安に襲《おそ》われ、初心者が陥《おちい》りがちなミスである「狼狽売り」につながってしまいます。逆に、二つのポイントを正しく理解していれば、素晴らしい事業を持つ企業の株をしっかり買い、個別株長期投資で成功を収められるはずです。

目次

第2章 株価暴落が何度も、これからも繰り返される理由 27

第3章 株価暴落でも「狼狽売り」しない投資家のメンタルコントロール 43

第4章
株価暴落でどれだけ買えるかは、「価格と価値の違い」の理解度で決まる

第5章
株価暴落までに見つけておきたい「買う」企業の選び方

第7章 インデックスファンドのつみたて投資という「降伏」

第8章 株価暴落で自信を持って買い向かうための投資ストーリーの磨き方

第9章 個別株長期投資家だからこその出口戦略

第1章

暴落を何度も経験した投資家は株価暴落時にこう考える

日経平均株価、史上最大の下落をふりかえる

数年に一度は必ずやって来る大暴落。

多くの投資家は暴落をピンチだと感じてしまいますが、私のような個別株長期投資家にとって、暴落はむしろいい株を割安《わりやす》に買えるチャンスにもなります。

直近では、2024年8月5日、日経平均株価の下落幅が史上最大となりました。この1日を例にとって、大暴落の現場で私が何を考え、どんな行動をしたのかを説明してみたいと思います。

この日は月曜日でした。前の週の後半から日経平均株価は下落が続いていました。8月1日（木）は前日比マイナス2・49％（マイナス975円）、8月2日（金）は前日比マイナス5・81％（マイナス2216円）と、7月11日に記録した史上最高値42426円から8月2日の終値時点で既に35909円まで下げており、15％以上の下落となっていました。一方、ドル円の為替は7月11日に1ドル161・75円をつけていたのが8月2日には146円台まで円高が進んでいました。そして8月2日の夜、米国の雇用統計の結果からの景気後退懸念を受けて米国の政策金利の大幅利下げ観測が台頭し、さらなる円高ドル安進行への懸念から日経平均の先物が大きく下げていたこともあって、月曜日はさらに株価下落があ

るのではないか、と私に限らず、経験を積んだベテラン投資家の誰もが身構えているところでした。

　こうして迎えたのが月曜日、運命の8月5日です。

日経平均は35249円でスタート。この時点で前週の終値から660円の下落となりました。そこからさらに下げ、34247円で午前の取引を終えました。前週の終値からは既に1600円以上の下落です。

　午後になると下げがさらに加速します。13時半過ぎには33000円を割り、そこから1時間経たないうちに32000円も割り込みました。14時53分にはこの日の最安値31156円となります。7月11日の史上最高値から1万円以上の値下がり、実に27%のマイナスです。この日は結局、31458円で取引終了、8月2日終値からマイナス12・4%（マイナス4451円）と1日の下落幅としては史上最大（1日の下落率12・4%は史上二位）となりました。これは1987年10月20日以来の記録更新でした。

　8月5日のドル円の為替は日銀・植田総裁のコメントなどもあり、1ドル141円台まで円高が急激に進みました。株式市場、為替市場共に歴史的な激動の一日となりました。

　私はその日、株価急落の原因は何だったのだろうかと考えながら、場中のPCモニタを眺《なが》めていました。反射神経を求められるトレードを主戦場にされている方々はPCモニタを何台も置いて株を取引されるようですが、私の場合は取引には1台で事足ります。ただこの日ばかりは、ウィンドウを数枚開いて、投資している企業の株価や日経平均株価を眺めながらあちこちを行ったり来たりしていました。そして、このショックを引き起こしたのはいくつかの要素の複合的なものが原因だろうと考え始めていました。

- 日銀金融政策決定会合での金利引き上げ決定
- 米国雇用統計からの米国の景気後退懸念
- これらを受けた円キャリートレードの巻き戻しによる急速な円高
- 中東情勢の緊張感の高まり

これらの要因は確かにどれも株価下落につながるものですが、この日の株価急落をとくに強く決定づけたものがどれなのかは分かりづらいと感じました。その不透明さが余計に投資家の不安を高めていたのかもしれません。しかし一方で冷静に考えてみると、これらの要因が実体経済にどの程度影響するかはいささか疑問——といいますか、ここまで株価を引き下げるほどには日本企業の実力に大きな影響を与えるものでは決してないだろう、と考えられました。それでも取引終了直前となる15時前には、信用取引でリスクを取りすぎていた投資家のポジション整理でしょうか、中小型株が次々に投げ売られ、それらの株価の急落ぶりは目を見張るものでした。

こうしたことを考えながら、私は次の方針で行動することにしました。

当然、「**買い**」です。

- 7月半ばまでの上昇相場で株価が上がってしまって、元々欲しかったのに買えていなかった**株を**買う。
- 順番としては、値戻しが早そうな大型株を優先して買う。
- 私自身の「主力」投資先は、中小型企業が多く、極端な安値になる可能性があるので、そうなれば果敢に買い向かう。

そして実は、このように「**買い**」を進める原資《げんし》を準備するために、私は8月に入ってからこの日も含め、同時に「売り」も実行していました。保有株のうち「主力」でもなく、何かあれば売っても構わないと決めていた株を売って「**買い**」のための資金をつくったのです。この「売り」では買い値は関係なく、売却で損失が出るから、という理由でためらうことは一切ありません。なぜなら株価の暴落は、より質の高い優良企業の株を割安で買うための——ポートフォリオを強靭《きょうじん》化するための最高のチャンスだからです。平常時の相場では、実力のある質の高い企業の株価はなかなか安くなりません。しかし、大きな株価の下落となると、実力ある質の高い企業もつられて売り込まれて普段では考えられない株価まで下げることがあり、このチャンスはとても貴重なものなのです。

さて、皆さんなら、このような株価暴落に直面した際、まず何を確認されますか、そして、どんなことを考えられるでしょうか。

米国市場の動向や日経平均先物を普段から見られているベテランの方であれば、日本の株式市場が開いた後に異常な下げが起こることを想定できていたはずで、前もって当日の売買の作戦を練ることができたかもしれません。ただそうではない多くの方は、市場が開いた後、もしくは閉じた後にご自分の保有している株や投資信託の時価、含み損益のプラスマイナスを確認されることでしょう。そして確認してみると、昨日までのプラスが大きく減った、いやそれどころか、プラスではなくマイナスに突入しているかもしれません。その数値を見て不安になったり、マイナスの状況によっては「**株価がさらに下がって、これ以上マイナスが増えたらどうしようか**」と恐怖を感じられたりするかもしれません。不安や恐怖から一刻も早く解放されたい、すぐに売ってしまおうと決心されたかもしれません。

しかし、ここで考えるべきことは、「売ってしまおうか」と思い悩んだり、その決心を固めたりすることではありません。その「売ってしまおう」という決心が、株価暴落時に是が非でも避けたい「**狼狽《ろうばい》売り**」につながります。

「**狼狽売り**」とは、株価暴落から生じた不安、恐怖から自分の持っている株や投資信託をまとめて売却してしまう行動です。「**狼狽売り**」をしたかどうか、で、その後の資産は大きく変化します。「**狼狽売り**」を何度も繰り返してしまったりすると、その損失は計り知れないものになるはずです。

2024年8月5日の株価暴落は、その後さらなる株価下落とはならず、幸いなことに翌日から株価回復に向かいました。こうしたこともあって「**狼狽売り**」してしまった投資家の数は、暴落当日を除けば、さほど多くならなかったのだろう、と思います。では、仮に8月5日以降、さらに株価がズルズル下げ続けていたら、どうなっていたでしょうか。おそらくですが「**狼狽売り**」は増えていただろう、と想像しています。

その理由は、日本には株価しか見ていない投資家が非常に多いと日々感じているからです。株価しか見ていない投資家にとっては、株価がズルズルと下げている局面では、毎日、毎日、自分の資産が急速に減っているように感じられ、それが不安や恐怖を現実のもの以上に大きくします。そうしてふくらんだ不安、恐怖が「**狼狽売り**」へと駆《か》り立てるのです。

株価暴落が起こってしまった日の夜（以下、「**株価暴落の夜**」）にいったん落ち着いて考えるべきことは、「狼狽売りをしない」です。これに加えてもう一つ考えるべきことは、端的に言えば、**「売り」ではなく「買い」**です。

「買い」を考えるべきなのは、株価暴落は、資本主義の仕組みを生かして資産を築く大きなチャンスだからです。株価暴落を理由にした「まとめて売ってしまおう」という誤った決心は、チャンスを逃《のが》す要因になる可能性大です。

そして、そのチャンスは数年に一度、必ずと言っていいほどやってきます。その際に、株価暴落のタイミングで何を考えるべきなのか、また、いつやって来るか分からない株価暴落に向けてどんな準備を整えておくべきなのかを本書ではご説明していきます。

なにしろ数年に一度は訪れるであろうチャンスであり、長い投資家人生のうちには何度も何度もやって来ると考えれば、焦《あせ》ったり慌《あわ》てたりする必要はありません。ただ、「株価暴落こそが大きなチャンス」として認識する時期は早ければ早いほど、資本主義の恩恵《おんけい》をより多く受け取ることができます。一番もったいないのは、いつまで経っても株価暴落を不安や恐怖と結びつけてしまい、そこから抜け出せないことなのです。

将来にわたりしっかりと稼《かせ》いでいく力を持つ企業であっても、あの日のような下落相場では株価が他の企業同様に大きく下げることもありますが、実力のある企業はこうした行き過ぎの相場が過ぎ去れば、その実力が改めて評価され株価を着実に回復していくものです。

信用取引は欲と恐怖を増幅させる

8月5日の暴落について少し細かく述べると、後場の取引終了（15時）までの1時間程度に見られた急速な株価下落は、信用取引のポジション整理が拍車《はくしゃ》をかけていたように見えました。そもそも信用取引のポジションをそれまでにふくらませていたのは投資家の欲です。欲深さこそがリスクを増大させていたわけです。しかしその欲が恐怖に転じた際には、欲深さの分だけ投資家は叩《たた》きのめされるわけです。こうした暴落相場になると毎度見られる光景ではありますが、あらためて信用取引のおそろしさを目の当たりにしました。ちなみに私はこれまで一切、信用取引を使ったことがありません。

株価下落の中、私はより質の高い企業の株を買う資金のために並行して保有株を売っていきましたが、至《いた》って冷静でいました。こうした冷静な行動が取れるのは、自分が投資している企業の価値を常日頃から理解する努力をしていたからです。仮に自分のよくわかっていない企業の株を持っていたら、株価急落におののいて後先を考えずに売却してしまったかもしれません。こうした暴落相場で質の高い企業の株をしっかり買える構えを事前につくるためにも、投資している企業の価値について普段から考え、自分の中の基準となる**「マイ目標株価」**(第6章で詳述します)を頭に入れておく重要性を再認識させられました。株価変動に引きずられないように、自分がわからないものには手を出さない、自分が価値を実感できるものに投資するのが大事です。

3～5年ごとに「ショック」は、やってくる

株価が突然大きく、急激に下落する**「ショック」**。

過去にはあのリーマンショックほか様々な「ショック」が記録されていますが、株価が

短期間に2割、3割下落する現象は実は、3～5年に一度起きています。
日銀・植田総裁のコメントが引き金になった2024年8月の急落（日経平均株価、最高値から27％下落）がごく最近の実例ですが、その前のショックとなると、2020年のコロナショック（31％下落）が思い起こされます。さらにその4年前の、2016年にはチャイナショック（28％下落）、2011年には東日本大震災による株価急落（16％下落）もありました。2008年9月のリーマンショックからそれに続く金融危機下での株価下落（51％下落）は確かに数十年、百年に一度と言えたかもしれませんが、短期間のうちに株価が3割程度下落する相場は数年ごとにやってきます。そして多くの場合、それらの株価暴落、急落の前には必ずと言っていいほど株価の急騰《きゅうとう》やバブルが起きています。
長期で株式投資を続けるのであれば、株価暴落やバブルを避けることは絶対にできません。

「強気相場は悲観の中で生まれ、懐疑の中で育ち、楽観の中で成熟し、陶酔の中で消えていく」

著名な投資家、ジョン・テンプルトンはこんな言葉を残しています。株式市場は長い歴史の中でこうしたサイクルをこれまで何度も何度も繰り返してきました。

株価暴落、急落の「ショック」は数年ごとにやってきます。そしてほぼ間違いなく、これからも数年ごとにやってくるでしょう。

大事なのは、投資家人生において何度も何度もやってくるであろうこれらの株価暴落は、ショックではなくむしろ安く買えるチャンスととらえるべきだということです。

もちろん、市場が開いている間に対応できればベストですが、日中忙しい中で相場動向をウォッチし注文もできる方は限られるでしょう。

リアルタイムでは対処できないとしても、**「株価暴落の夜」を投資家の皆さんがどんな心構えで迎えるか、どんな行動をとると決めるか、そこで少数派になれるかなれないかで、築ける資産の大きさは劇的に変わってきます。**皆さんが資産を守り、そして資産を増やすための大きな鍵となるのが「株価暴落」時の判断、行動なのです。

このときに投資家が忘れてはならないのは、「株価暴落」はこの世の終わりではなく数年に一度はまるで予定されていたものであるかのように起きることであって、今その場面に居合わせているにすぎないということ、そしてあなたがそこでどう振る舞うか次第で数年後、数十年後にどれだけの資産を築いているかが大きく変わるということです。

第2章

株価暴落が何度も、これからも繰り返される理由

さて、この章では株価がどのようにつくられるかを説明し、暴落が定期的に起きる構造を明かしていきます。

まず、数年ごとに株価暴落が繰り返されるのは、「人間の心理が株価をつくっているから」です。人間が投資をする際の心理は、大きく二つ、「欲と恐怖」に分けることができます。

何度も繰り返される株価暴落の原因は、まさにこの欲と恐怖の両方にあります。

忘れてはならないのは、欲があるからこそバブルが起こり、恐怖があるからこそ暴落が起こるということです。米国の著名投資家の一人、ハワード・マークスが著書(『投資で一番大切な20の教え』)の中でたとえているように、両端の間で勢いをつけて行き来する、「振り子」のイメージを持っていただくと良いでしょう。要するに、株価は上にも下にも行き過ぎる、ということです。

そして欲と恐怖が人間社会から無くなることはあり得ないからこそ、株価暴落はこれからも数年ごとに必ずやってくると想定しておくべきです。

また、さきほど、**「株価暴落の夜」に投資家がいったん落ち着いて考えるべきことは「狼《ろう》狽《ばい》売りをしない」**ことだとしましたが、その姿勢を確実なものとするために必要なのが心理のコントロールです。株式市場は時に非常に激しく変動しますので、そのメカニズムを理解しておくことが心理を上手くコントロールする上で大事になってきます。

株式市場で暴落やバブルが起きるメカニズム、それをふまえた心理のコントロールのコツについてもくわしくご説明したいと思います。

株価暴落のメカニズム　欲と恐怖で株価はつくられている

株価とはいったい何か。まずこの問いから始めさせてください。

株価とは、企業の実体、すなわち将来にわたって企業が稼ぐ力に対して株式市場で投資家全体が与える評価です。この、「企業の実力」が「実体」である一方、「株価」は「影」にたとえることができます。

そして、その影の長さ、大きさを決めるのが光のあて方＝人間の心理です。ここでいう人間の心理とは、欲と恐怖、正反対の二つの感情です。投資家全体の欲と恐怖が発揮する大きさと方向に合わせて、株価はまるで振り子のように波打ちます。

欲が強くなれば株価は大きく上昇し、恐怖が高まれば株価は大きく下落します。その欲と恐怖の大きさ次第では、影は実体とは大きく離れたものになりかねません。株価が大きく上昇するということは、欲のせいで株価はその企業の実力よりも大きな影になっている可能性があります。反対に株価が大きく下落するときは、恐怖のせいで株価はその企業の実力よりも小さな影になっている可能性があります。

実体と影、企業（事業）の実力と株価。この関係からすると、株価暴落はピンチでしょうか、それともチャンスでしょうか？

つぎのような例を使って考えてみましょう。

のちほど改めて計算方法などをご説明しますが、将来にわたって企業が稼ぐ力＝その企業の実力と投資ストーリーをもとに、私は個々の企業の購入希望株価である**「マイ目標株価」**を計算し、投資判断の拠りどころとしています。詳しい計算は第6章でご説明しますが、この「マイ目標株価」を企業の実体を反映した数字

株式市場の「欲」「恐怖」という二つの光が、影＝株価を大きく左右する

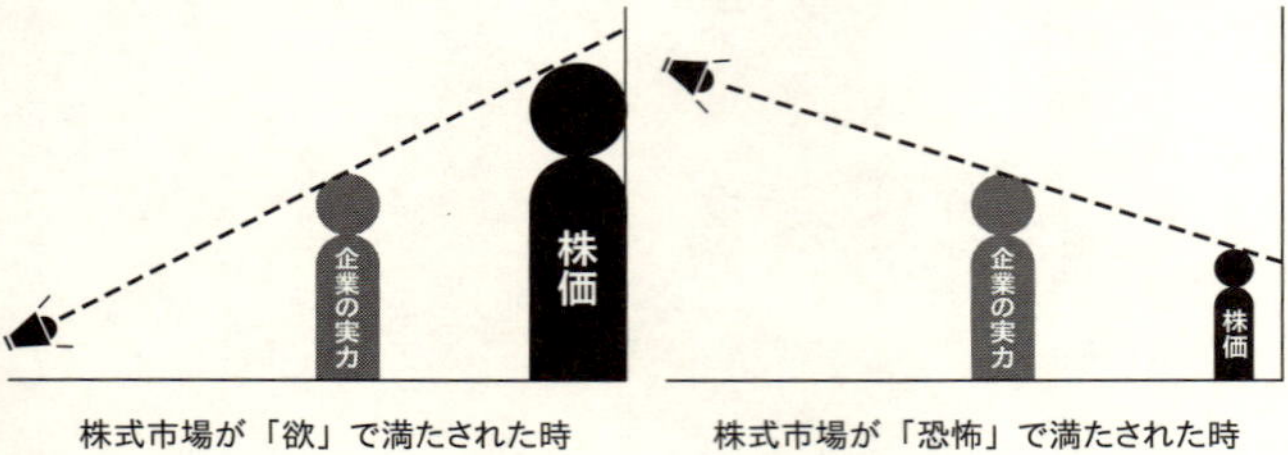

株価は「影」。実体ではない

として意識しています（**マイ目標株価の導出方法が気になる方は、先に第6章を読んでいただいて構いません**）。

企業A社の「マイ目標株価」を計算した結果、一株1000円になったとします。まずこの「マイ目標株価」（実体）を、実際の株価（影）とくらべてみましょう。

A社の実際の株価が1200円だとします。株価は影ですから、この場合、影が実体よりも大きく、長くなっていることになります。例えば、A社になんらかのテーマ性があり、株価がこれまで順調に上昇してきたことそれ自体も注目を集める要素となって、将来に対する市場の期待が高まっているような場合にはこうなりがちです。ですから、実際の株価が「マイ目標株価」よりも高いと結論が出れば市場のムードに惑わされずに「**買わない勇気**」を使って買い控えるようにするのです。

一方で、株価が急落してA社の株価が800円まで下がったらどうでしょうか。株価が「マイ目標株価」を下回りましたね。

影が実力よりも短く小さくなっているのですから、これはチャンスです。このチャンスを逃さないように「マイ目標株価」を再検討した結果、大丈夫だと結論が出れば、「**買う勇気**」を振りしぼって決断し、行動することになります。

私が実践している「マイ目標株価」は〝株価〟と名前をつけているものの、株価のことは切り離して企業の真の実力、実体を把握《はあく》するためのものであり、実際の株価や値動きを材料にして判断、行動してしまう間違いを避けるための大きな助けになってくれます。

日々うつろう株価はあくまでも実体がつくる影であって、その影をつくるのは投資家の心理です。そして株価はそれに合わせて振り子のように波打ちます。

投資をするにあたって使うべき勇気やそのタイミングを多くの投資家が間違えてしまうのは、株価がどうつくられているかを十分に理解、納得できておらず、株価の数字だけを材料にして判断、行動してしまうからだ、と私は考えています。

バブル、株価暴騰を引き起こす市場の心理

日本経済の最高潮のバブルからもう30年以上経ってしまいましたが、バブルとは、市場が実体の価値を遥《はる》かに超える評価＝株価を付けることです。1980年代日本のバブル経済では株だけではなく不動産も同じように実体の価値を遥かに超えた値段がついていました。そうしたバブルを大きくふくらませるのが市場に参加している人たちの「**欲**」です。

歴史上、バブルは世界中で何度も発生してきました。現代の我々からするととくに滑稽《こっけい》に見えるのが、17世紀のオランダで発生したチューリップ・バブルです。チューリップ・バブルではなんとチューリップの球根に次々と異常な価格が付けられていったのです。バブルのピークでは、チューリップの球根たった一個で家が一軒買えたという異常さだったと伝えられています。

人々の欲が群集心理《ぐんしゅうしんり》でバブルを引き起こすことを、この大昔の事例はよく表しています。現代の我々からすれば信じがたい事実ですが、人間の欲の際限《さいげん》の無さを感じます。

現代の株式市場で発生するバブルも、構造と発生の順序は基本的には歴史的なバブルと同じです。株価が上昇を始めると、株式市場への世間の注目が高まってきます。当初は恐る恐る株を始める投資家も多いのですが、買いが増えることで株価は勢いを増して上昇します。株式市場はじわじわと熱気を帯びてきます。このタイミングで悪い材料などが出てくると、そこで上昇相場が終わってしまうことも少なくありません。しかし、悪い材料をものともせずに、株価が上昇を続けることもあります。投資家の欲の皮が突っ張ってくると、それらの悪い材料をなぎ倒してしまうからです。

そして株価の上昇基調が一定期間続くと、世間の関心も株価を吊《つ》り上げるのに一役買うようになります。ふだんは株式市場なんて見向きもしないテレビのバラエティ番組や女性週刊誌にさえ株式投資に関する話題が大きく取り上げられ、強気の予想があちこちから聞かれるようになります。それまで「株式投資なんて」と傍観《ぼうかん》していた人たちや投資から距離を置いていた人たちが、株式投資をしていないこと、株を持っていないことに不安と恐怖（「**持たざる恐怖**」）を感じ始めて、ついには投資を始めます。

こうなると、プレイヤーが増えることで株価上昇は勢いをますます増すうえに、上昇を続ける株価を正当化するために新しい理論まで登場したりすることもあります。市場に欲が充満すると皆、冷静な判断ができなくなるものです。それだけではありません、悪い兆しを示す経済指標が発表されても楽観論がそれを吹き飛ばしていきます。

楽観論が楽観論を呼び、それまでずっと株式を買わずにいた人たちが「**降伏**《こうふく》」して買ってしまう、これが**バブル**です。

しかし、本来の実力に対して過剰《かじょう》に高い株価がさらに上昇する相場がいつまでも続くことはありません。上昇相場の中に居ると株価は永遠に上昇を続けるとつい考えてしまいますが、それは錯覚です。バブルの途中では後日思い知らされることになるさまざまな悪材料が、水面下では徐々に積み重なっていきます。市場に巣くう欲が大きければ大きいほど、投資家は皆そうした悪材料の数々から目を背《そむ》けてしまいます。また様々な問題も生まれています。この時期に深刻化が進む典型的な問題が金融機関の貸し過ぎです。

資産価格がグングンと上がるとそれを買おうとしている企業、投資家などにお金を貸してその勢いを加速させるのが銀行などの金融機関です。こうした時期は、金融機関同士も競争していますので冷静な判断ができなくなり、資産価格は実際の実力を大きく超えて過大評価されます。結果、金融機関による貸し過ぎが起こります。ただ、バブルの最中にはそれは問題視されません。日本のバブル経済でも、米国のリーマンショック前夜でも、熱狂の裏側で同じような問題が積み上がっていきました。

しかし、いずれは「何かの拍子《ひょうし》」で、多くの人が目を背けていた悪材料や解決されずに先送りにされていた問題が一気に押し寄せるかのように認識されるようになるのです。

株価が急上昇する相場は突然終わりを告げ、バブルが弾けます。下落相場の始まりです。実力と比べて過大に評価されている株価は下落を始めます。そしてそれまでに上昇を牽引《けんいん》した欲が大きければ大きいほど、反転した際の恐怖も大きなものになるものです。その恐怖が株価の下げを加速させます。株価を吊り上げられるだけ吊り上げた欲もまた、株価暴落の原因になるのです。

恐怖が株価を暴落させる

市場の欲がピークに達したところから株価は下がり始めます。**その下落が株価暴落の始まりだったということは事後的にしかわかり得ない**ので、このタイミングでは押し目買いをする投資家もまだまだいます。しかし、株価は下がり続けます。実力以上に評価されていたのが、あるべき位置に向けて戻っていくのがマーケットです。上昇相場では見過ごされてきた問題や悪材料を大きく取り扱うニュースが増え始め、株価下落を後押しします。企業の業績は悪化し始め、悲観的な予測も市場に増えていきます。こうなると市場では不安が高まり、その不安はじわじわと恐怖へと変わっていきます。

その恐怖がショックを生み出します。ショックが株価下落に弾《はず》みをつけると、「状況はまだまだ悪化し続けるのではないか、株価はますます下がるのではないか」と恐怖が増幅《ぞうふく》されます。やがて雪崩《なだれ》を打つように売りが続き、信用取引などで大きなポジションを持った投資家の資産も売られ、株価はさらに下落します。いわゆる「**投げ売り**」です。2024年8月5日、1日で日経平均株価が12・4%下落した当日の午後はこうした「投げ売り」の状況が観測されました。

最後には常日頃は「長期投資」を宣言していた投資家まで売り方に回ってしまい、売りが売りを呼んで誰も売らなくなった——そこがその下落相場の底になります。ずっと売らずに我慢をつづけていた人たちが「**降伏**」して売ってしまう、これが暴落相場の終点です。

ただここで一つ忘れてはならないことがあります。それは、どんな暴落相場でも株価がつくことの意味です。**株価がつくということは、その株価で買っている投資家が必ず存在している**ということです。想像してみてください、その投資家はその時どんな表情をしているのでしょうか（もしかしたら今はＡＩによる機械的な買い集めがなされているのかもしれませんが）。

「リターンは、取ったリスクの対価」——高値はリスク大、安値はリスク小

リーマンショックから間もない2008年10月、米国の大手運用会社バンガード・グループがマネックス証券のコラムで「なぜ今投資をやめる必要がないのか」という4つの理由を挙げていました。このコラムが発表されたのは、まさにこれから株価がズルズルと下落を始めていく——そんなタイミングでした。毎日のように株価が下落を続けるさなかで、今「投資をやめる必要がない」と冷静に主張なさっていたので、このコラムは非常に印象的で今でも記憶に残っています。

理由1：マーケット・タイミングは難しい投資戦略です
理由2：リターンとは、取ったリスクの対価です
理由3：石橋を叩きすぎるとインフレには対抗出来ません
理由4：衝動的な判断が正しい結果をもたらすでしょうか？

『なぜ「今投資をやめる必要がないのか」その4つの理由とは？』
https://info.monex.co.jp/lounge/vanguard/2008/10/20-027299.html

「なぜ今投資をやめる必要がないのか」でバンガードが挙げた四つの理由のうちの二つ目の理由が「**リターンとは、取ったリスクの対価**」でした。株価の大きな下落で心理的に大きなダメージを感じる人が多いものの、長期的に見ると最も大きなリターンを投資家にもたらしてきたのは、債券《さいけん》や短期金融商品ではなく株式であること、そのリターンをもたらすのが株価につきものの価格変動、つまりリスクの大きさとなっていることを説《と》いていました。

リスクを取らなかった人からリスクを取った人へと富《とみ》が移転する。これが資本主義です。大変残酷《ざんこく》で厳しいことですが、私自身もこれまでの投資、経験を振り返ると、資本主義と

はそういうものだ、と思わずにはいられません。とはいえ、逆を言えばリスクをいつ、どこで、どのくらい取るのか次第で、大きなリターン、富を得ることも可能なのが資本主義ということでもあります。それが**少数派の決断、行動であればあるほど、素晴らしい結果が期待できる**ものなのです。

先ほどお話ししたように、株価上昇が続く相場で買うことは評価損をこうむるリスクも高くなります。株価は将来にわたって企業が稼いでいく実力に対する影に過ぎず、このような局面では過大評価されがちだからです。

例外はもちろんありますが、株価が短期間に急上昇する相場ではその企業の実力も相当程度織り込まれてしまっている（あるいは実力以上に評価されている）ため、株価がさらに上昇する可能性よりも、大きく下落する可能性の方が大きいと考えるべきです。ですから、評価損への警戒心こそが重要になります。また、上昇相場で最高値に近いところで売り抜けることはほぼ不可能であることも付け加えておきます。

企業の稼ぐ力は、株価のように短期間に上昇したり下落したりはしません。実力が高まっていくのには相応の時間がかかります。株価という影ではなく、企業の実体に関心を向けることが、資産を築くためのリスクの取り方ではとても重要になります。**株価という影**

ではなく企業の実力に関心を向けているからこそ、他の投資家とは違う行動ができる少数派になれるものなのです。

逆に、株価下落が続く相場を考えてみましょう。下落相場では「買い」ではなく「売り」を考えてしまう投資家が多いものと想像します。そのように「買いよりも売り」と考えてしまうのは、株価はこれからもっとまだまだ下がるのではないか、という恐怖・不安を抱《いだ》いているからでしょう。売ってしまえばその恐怖・不安から逃れられる、もう楽《ラク》になりたい、と。

下落相場においてそうした恐怖・不安で売りが増えると株価はますます下落するのですが、実はその下落で株価は実力よりもずっと安い水準になっている可能性が高まっています。ここで売ってしまえば、確かにさらに値下がりするリスクを避けることができます。しかし実力が過小評価されているような水準にまで値下がりすれば、株価がさらに下落するリスクは限定的でしょう。売ってしまうことは、将来のリターンの源泉《げんせん》を手放すことになります。ですから、この局面では保有するリスクを避けるのではなく、「買う」ことでリスクを取っていくべきなのです。

株価の暴落は、資本主義の仕組みを最大限に享受《きょうじゅ》するチャンスです。将来にわたって稼いでいく実力と比べて大幅な割安《わりやす》価格になっているバーゲンセールですから、この大チャンスを逃してしまうことの方を懸念するべきなのです。株式投資で大きな資産を築けるかどうかの分かれ道がここにあります。

ただし、一つ注意が必要です。上昇相場において、一番の高値、最高値で売ることが困難なように、下落相場において一番の底値、最安値で買うこともまた非常に難しく、ほぼ不可能です。大底で買おうとタイミングを見計《みはか》らうのではなく、「**マイ目標株価**」を基準として、株価の割安感に十分な確信を持てた段階で買い向かっていくのがしっかりとリスクを取る秘訣《ひけつ》です。

第3章

株価暴落でも「狼狽売り」しない投資家のメンタルコントロール

是非とも避けたい「狼狽売り」

投資において自分の心理のコントロールができずにとってしまう典型的な行動が「**高値づかみ**」と「**狼狽売り**《ろうばい》」です。中でもより警戒すべきなのは高騰時の「高値づかみ」ではなく暴落時の「狼狽売り」です。企業の実力を認めて投資したはずであるのにもかかわらず、下落を続ける株価だけを見て明日も明後日も、来月も、ずっと下がりそうという不安、恐怖に降伏して株式を売ってしまうのが「狼狽売り」です。

「狼狽売り」をしてしまえば、自分の資産の評価が減り続ける不安、恐怖からいっときは逃れられるかもしれません。また、「狼狽売り」の後も株価下落が止まらないことは、もちろん、起こり得ます。しかし、下落が続いていることで、株価はその投資している企業が将来にわたって稼いでいく実力に比べて、大きく安くなっている可能性が高いのです。しかも、そもそもの安値ですので、株価がさらに下がり続ける可能性は限られていますし、むしろ株価が突然、反発して急上昇に転換する可能性の方が高くなっているとも言えます。なぜなら、下落相場においては株価が実力との比較において過小に評価されがちだからです。また、実力と株価との差が大きければ大きいほど、株価が戻るスピードが速くなることも多いものです。もちろん買い戻すこともできますが、まさに「言うは易く行うは難《かた》し」

です。その時はきっと、「狼狽売り」してしまった自分の判断、行動を後悔することでしょう。

「狼狽売り」をすることで、いっとき、株価のさらなる下落への恐怖、不安から解放された気分を味わえるかもしれませんが、それと引き換えにあなたは将来のリターン、富の源泉を手放してしまうのです。あなたが仮にその企業の実力を認めていた少数派の投資家であったとすれば、心理にぶらされてしまう多数派側に鞍替《くらが》えすることは、大きな機会損失にもなりかねません。

「高値づかみ」を避けるのはむずかしい

心理をうまくコントロールできずに取ってしまいがちな典型的な行動のもう一つ、「高値づかみ」についても考えてみます。

株価がさらに上昇するのではないか、今こそ買い時だという欲から買ってみたものの、そこが高値だったという事例、すなわち高値づかみは、私自身ももちろん何度も経験があります。

しかし、**長期投資であれば「高値づかみ」は「狼狽売り」に比べればずっとマシ**です。

なぜなら投資している企業が将来にわたって稼ぐ力を維持、強化してくれれば、将来的に高値更新も十分に考えられるからです。ここで重視すべきは、投資している企業が将来にわたって稼いでいく実力です。実体と影の話でいう、実体のほうです。

なお「高値づかみ」を避けられるかどうかも、「狼狽売り」と同じく、自分自身の心理のコントロール次第です。自分自身で心理のコントロールがある程度できるようになった今では、「ここで買わないと乗り遅れてしまう」とばかりに株価の動きに駆り立てられた高値づかみはほとんどと言っていいほどなくなりました。

しかしそれでも、別の理由による高値づかみは度々《たびたび》発生します。それは、投資している企業の事業の見通し、シナリオなどが外れた結果としての高値づかみです。

投資を真剣に検討するにあたっては、その候補企業が将来にわたってどのくらい稼げるか、その実力を見きわめることになります。ただし市場環境の大きな変化（たとえば、コロナ禍は典型的な例です）により、前提に置いていた年平均成長率の達成が難しくなるような事態もあり得ます。

仮に株価変動に対して心理をうまくコントロールできたとしても、こうしたシナリオの見込み違いで高値づかみを避けられない面はどうしてもあります。ただ、繰り返しますが、投資している企業がその後に本来の実力を発揮できる環境が戻り、さらに実力を強化してくれれば、それは結果的には高値づかみではなかった、という可能性もでてくるのです。その環境が戻る前に安易に手放してしまわないためにも、**影ではなく実体を見つめ続けることが必要であり、まさにそれこそが長期投資の肝なのです。**

マーケット・タイミング戦略、最大の欠点

先ほど皆さんに紹介した、米国の大手運用会社バンガード・グループがリーマンショックから間もない2008年10月に発信した「なぜ今投資をやめる必要がないのか」という四つの理由を挙げたコラムですが、その最初の理由が「マーケット・タイミング戦略は難しい」というものでした。

マーケット・タイミング戦略とは、市場の短期的な変動を予測し、適切なタイミングで資産を売買することで利益を最大化しようとする投資戦略です。いわゆる「波乗り」のイメージになります。

ただ、この戦略を継続的に実行して結果を出すのは非常に難しいというのが、自分がトレーディングに取り組んだ経験も踏まえての印象です。

株式投資を長くつづけていると、株価の行方を予測すること、それに合わせて行動することの難しさを何度も経験します。とくに短期間の株価の動きを予測することは不可能です。私自身、「誰も予想できないのだから、予想しても仕方がない」という考えに落ち着きました。

しかし、実は、短期のトレードを成功させるのが難しいことがマーケット・タイミング戦略の最大の欠点ではありません。

数年に一度、たった1日で株価が数％上下することがあります。記憶に新しい2024年8月の日銀・植田ショックでは、8月5日その1日だけで前日から12・4％下落しました。1日での下落率としては1987年10月20日の14・9％に続く史上2番目に大きな下落率でした。

こうした大きな変動があると、それをきっかけに市場の潮目が一気に変わることがあります。大きな上昇相場、あるいは下落相場が始まる号砲のようなものです。市場が大底から回復する最も初期にポジション（投資している状態）を維持しておくことの重要性を示す表現として、よく知られているのが「稲妻《いなずま》の輝《かがや》く瞬間《しゅんかん》」です。

米国の投資コンサルタント、チャールズ・エリスの名著『敗者のゲーム』では次のような調査結果が紹介されています。

1980年1月1日〜2016年4月30日の36年間の中で、最も上昇したベスト10日（検証期間全体のわずか0・1%にも満たない）を逃すだけで、リターンの平均水準は11・4%から9・2%へと低下してしまいます。ベストの上昇日を20日間逃すと、リターンは7・7%へ。ベストの30日を逃すと、リターンは6・4%へ低下してしまいます。

チャールズ・エリスはこの大きな株価上昇となったごくわずかな期間のことを「稲妻の輝く瞬間」とたとえました。「稲妻の輝く瞬間」を事前に予測することは不可能です。そして、その瞬間を逃してしまう可能性がある――これがマーケット・タイミング戦略の最大の欠点です。

自分自身を理解するための「ミスター・マーケット」との付き合い方

まるで「今買わないと、株価はもっともっと上がってしまうぞ。この株価で買っておかないと儲《もう》けそこなうぞ」と上昇相場では買い煽《あお》るかのように、そして逆に、安い株価の場面、下落相場では「今売らないと、株価はまだまだ下がるぞ。もっと損がふくらむぞ」と売り煽るかのように振る舞うのが株式市場です。このように投資家のすぐ隣で非合理な行動に誘おうとする株式市場のありさまは「**ミスター・マーケット**」という人物にたとえられます。

世界最高の投資家バフェットの師とされる、ベンジャミン・グレアムは著書『賢明なる投資家』でこんなふうに彼を紹介しています。

「ミスター・マーケットは、毎日投資家の家を訪れる。彼はドアの前に現れては、毎日違う価格で株の売買を持ちかけてくる。ミスター・マーケットによって提示される価格は、しばしば妥当なように思えるが、それはしばしば馬鹿らしい価格のときもある。投資家は、彼の提示した価格に同意し取引してもよいし、彼を完全に無視してもよい。いずれにしろミスター・マーケットは、翌日も他の株式の価格を引き合いに投資を持ちかけてくるのだ」

ミスター・マーケットは非常に気まぐれで日々その言動がコロコロと変わる人物です。

株価が上昇し始めるとすぐに有頂天《うちょうてん》になりますが、逆に株価が下がり始めると、まるでこの世の終わりが来るかのようにふさぎ込みます。そしてあなたに耳元でささやくのです。

株価がドンドン上がっている相場では「今買ったほうがいい、どんどん上がって買えなくなってしまうから」、逆にズルズル下がっていく相場では「今売ったほうがいい、売らないと損がふくらんで大変なことになる」というように。彼にそそのかされ、自分の心理をコントロールできずに「**降伏**」してしまうと、「高値づかみ」「狼狽売り」をやってしまうことになります。

投資家自身が欲深くなっていたり、あるいは、恐怖や不安におびえていたりすると、誰かに頼りたくなります。ミスター・マーケットはそこを狙ってきます。

「株価暴落の夜」には、彼の言い分に妙に説得力を感じ、その声ばかりが耳元で繰り返し聞こえてくるかもしれません。そうした声が聞こえるようであれば、あなたは心理のコントロールができていないと気づくべきなのです。

ミスター・マーケットに惑《まど》わされない方法の一つが「**株価を見ない**」です。株価を見なければ、そのささやき声はまず耳に入ってくることはありません。

「株価を見ない」――これがインデックスファンドを淡々とつみたて続けるスタイルが持

つ（隠れた）メリットでもあります。このスタイルの場合、株価を見ていないので高くなっても気づかずに買い続けますから「高値づかみ」は避けられません。しかし、「今売れ、すぐ売れ」という声は聞こえないので「狼狽売り」もありません。長期投資家として絶対に避けたい「狼狽売り」がなくなるので、株価を見ることなくインデックスファンドを淡々とつみたて続けた人が一定の成果を得られるわけです。

ただ、同時にこの「株価を見ない」というスタイルを選択してしまうと、あなたは株価急落、暴落という、資産をふやす絶好《ぜっこう》の機会を逃してしまうことにもなります。投資家として数年に一度のチャンスである株価急落、暴落を逃さないためには、ミスター・マーケットと上手に付き合うことも考えたいものです。

そのために心すべきことは、自分自身の心理の動き、認識のパターンを理解しておくということです。これができていないと、ミスター・マーケットに惑わされて、振り回されるばかりです。資産をふやすどころか守ることすらできません。

ミスター・マーケットに惑わされない、振り回されないような付き合い方の一つとしてご提案したいのが、あなたの投資の記録を残すこと、またできればそれらをブログなどで公に発信することです。

最初はなかなか億劫《おっくう》で難しいかもしれませんが、投資の記録を残すことと、さらにそれらをブログなどで発信することは自分に一貫性を持たせる規律づけにもなり、ミスター・マーケットと上手に付き合っていく際の大きな助けになり得ます。ちなみにXなどのSNSでの発信の場合、過去の自分の思考や行動を振り返るのが難しいのでブログの方が断然、おすすめです。

心理のコントロールに役立つブログ運営

投資の記録については、私はブログで発信を続けていくことを選びました。私のブログ**「ろくすけの長期投資の旅」**は、2008年8月から始めましたので、スタートからもう16年以上になります（勤務先を退職してすぐ2019年5月にブログを今の場所に移しました。それ以前のブログは現在、公開していません）。私はブログでの発信を続けてきたことで「ろくすけ」というもう一人の自分を得たように感じています。

投資家として考え、判断、行動する際に、**「それはろくすけさんらしい思考、判断、行動だろうか？」**と立ち止まってみるようになったのです。時間はかかりますが、このように自分自身に冷静さをもたらすような存在を自分の中に持つことができたことで、ミスター・

マーケットのささやきにも惑わされず振り回されず、穏《おだ》やかでフラットな心理状態を保てるようになったことを実感しています。

ミスター・マーケットと上手く付き合えれば、株価暴落という絶好機をとらえることもできますし、株価が急上昇する場面でも高値づかみを避けることもできます。

私の場合、毎月、以下の3つの内容を定期的にブログに書き留めるようにしています。

まず、その月の売買の内容です。売買した銘柄の名前を書き留めるだけではなく、何を考えて買ったのか売ったのか、判断根拠も同時に書き残しておくと、後々にふり返った際に反省材料を含めて何らかの気づきを得られることが多いので、これはぜひおすすめしたいです。

次に、ポートフォリオの内容です。2009年から自分のポートフォリオを「ろくすけカブス」と呼んでいます。名前の由来は、シカゴ・「カブ」スです。野球チームになぞらえているので主力とするのは9銘柄（プラスアルファ）くらいがちょうどいいだろう、という考えがもとになっています。

このくらいの数であればそれぞれに十分に目が届き、かつ分散投資の効果も得られるだろうというアイデアによるものです。野球チームになぞらえているのには、もう一つ狙いがあります。それは、性格の異なる銘柄を組み合わせることを心がけることです。たとえば、BtoBとBtoC、内需と外需、大型株と中小型株、メーカーと卸売業《おろしうり》・小売業《こうり》といった具合に、似た事業、ビジネスモデルに偏《かたよ》らないようにすることを意識しました。野球も4番が打てるバッターばかりを集めても勝てるとは限りませんから。

誰かが打てない時には、他の誰かがカバーするような打線であって欲しいと思っています。

「ろくすけカブス」の場合、**資産全体に対して保有比率2%超を主力（スターティングメンバー：スタメン）**としています。2019年5月のスタメンは15銘柄と野球チームには少し数が多かったのですが、足元の2024年11月のスタメンは7銘柄まで絞《しぼ》り込まれています。外野手が一人しかいない野球チームのようですね。少し寂《さび》しく感じますが、野球チームとしての体裁を整えるためだけに銘柄数を無理に増やしていくことは考えていません。

最後に「投資先メモ」です。2024年から始めたものですが、私の投資している企業を毎月1社取り上げて、直近のニュースや少し前に発表された決算に関して自分がどう考えているか、調べた結果何が分かったかなどについて、ざっくばらんに述べてみるという試みです。そして、その発信をしたタイミングで「今、どんな魅力をその企業に感じているのか？」を言語化しておくのです。あらためてご説明しますが、「投資」において言語化は非常に重要な役割を果たすと考えております。

もちろん、これらがブログである必要はありません。自分だけがわかるような個人的な日記でもかまいませんが、自分のこれまでの思考、行動を振り返れるよう記録を残す習慣をつけてみてください。

穏やかにフラットに

私自身、心理のコントロールとして心がけていることは、「**穏やかにフラットに**」ということです。この「穏やかにフラットに」な心理を実現するために、私は株式市場の取引時間中は株価をなるべく見ないようにしています。ミスター・マーケットとのリアルタイムでの関わりを意図的に減らしているのです。投資家が穏やかにフラットに日々を過ごすには、刻一刻と移り変わる株価は邪魔《じゃま》な存在です。

そもそも、私は株価変動そのものがもたらす利益に期待して投資を行っているわけではありません。企業の実力を拠りどころにして、私は株式投資しているのです。ですから、株価の動きをリアルタイムで追う必要はありません。株価は実体に対する影なのですから、影を追いかけることに時間をつかうことじたいがナンセンスです。それよりも、投資している企業の価値を生み出す実力をはかったり、その企業の未来の姿を想像したりするためにたくさんの時間を注《そそ》ぎたいと考えています。

さまざまな企業の未来の姿を想像しながら日々過ごすようになってくると、そこに至るまでのストーリーにのめり込みたくなる企業に出会うこともあります。投資している企業にのめり込める要素がいくつも見つけ出せたら、それが私の投資の拠りどころとなります。たくさんののめり込める要素から私だけの投資ストーリーをつくっていきます。

そんな私だけの投資ストーリーの実例については、現在も投資しているダブルエーと、数年の保有期間中に株価が10倍以上になったものの、株を全部売却したリログループ、この2社を中心に第8章であらためてご説明します。

「株価暴落の夜」には特に、投資ストーリーを検証することがふだんにも増して重要になります。暴落を引き起こした原因を見きわめ、それが投資している企業それぞれの投資ストーリーに何か重大な影響を及ぼすのかどうか、確認しなければなりません。しかし実際のところは、株価暴落そのものから投資ストーリーを大きく書き換える必要を感じたことは、今までほとんどなかったように記憶しています。

投資ストーリーは、株価とはちがって、たえず変動するものではありません。ですから時間をかけて、つねに磨《みが》きあげ、研《と》ぎ澄《す》ましていきたいものです。そんな投資ストーリーの構築にあたって、ミスター・マーケットは邪魔者、ノイズに他なりません。株価の動きを追わなければ、ミスター・マーケットに時間を奪われずに、穏やかにフラットに、自分だけの投資ストーリーづくりにじっくりと取り組むことができます。

あなたの投資の拠りどころを、企業の価値、実力とするのであれば、株価をしきりに確認する必要は全くありません。

私は、投資している企業の株主総会に積極的に参加することを心掛けており、年に十数回、総会出席のために遠方でも出かけています。また、毎月コンスタントに5～10日程度は電波の届かない場所も含めて国内旅行に出かけています。こうした日々を過ごすことも株式市場のミスター・マーケットと距離をおくことに役立っています。

群集から抜け出し、離れる

株式市場におけるバブルもショックも、ともに市場の群集心理がその原因であることがおわかりいただけたものと思います。だからこそ、株式投資で資産を守り増やすためには、群集心理こそが株価を作っていることを理解したうえで、投資家としての欲に引きずられて楽観的になりすぎず、また、恐怖・不安に引きずられて悲観的にもなりすぎず、自分の心理をうまくコントロールして投資することが求められるわけです。

「株価暴落の夜」にあなたがすべきことは、いったん冷静になることです。評価損が大きくふくらんでいるような場合、冷静になれるわけがない、あなたはそうお考えになるかもしれません。しかし、そこで思い起こしてください、株価は「影」であるということを。「株価暴落の夜」にこそ、影ではなくて実体を見ようと心がけてください。

実体＝投資している企業が、どんな事業を行っているのか、それをよく理解できていればいるほど、あなたに冷静さをもたらす助けになるはずです。

では、自分の心理をコントロールしたうえで、株価が暴落している中、投資家は何を考え、どう行動するべきかを次章で考えてみます。

第4章

株価暴落でどれだけ買えるかは、「価格と価値の違い」の理解度で決まる

投資家が株価暴落に遭遇しても「狼狽《ろうばい》売りをしない」ことをより確かなものにするために、また、暴落のなかで買い向かっていくために必要になるのが、「価格と価値の違い」の理解です。理解といっても表面的な理解にとどまっていたのでは、実用に耐《た》えられません。「価格と価値の違い」をストンと腹落ちさせなければなりません。それによってはじめて「狼狽売り」を避けられるだけでなく、株価暴落という投資家にとっての絶好のチャンスを活かすことができるようになります。

「株価暴落の夜」に投資家が考えることを決定づけるのが、「価格と価値の違い」に対する理解度の深さです。それが深ければ深いほど、暴落相場でより積極的に買い向かっていくための勇気と馬力を持つことができるのです。

「株式投資＝連想ゲーム」？

日本にとって新ＮＩＳＡが始まった２０２４年は、もしかしたら後で振り返った時に投資元年だったと言うことができるのかもしれません。株式投資を始めた人や興味を抱く人が劇的に増えたように感じます。たとえば地上波のゴールデンタイムのバラエティ番組で株式投資が取り上げられている場面にふと出くわしたりすると、それを改めて実感します。

著名な個人投資家が投資初心者に株式投資を指南するのがそれらの番組のお決まりのパターンのようです。

そして、そのパターンのもとになっているのが「株式投資＝連想ゲーム」という世間一般の認識です。

番組では、最初に一つのテーマ——たとえば「インバウンド」が提示されます。それから番組の出演者がインバウンドに関連すると思われる企業を次々と挙げていって、他の出演者たちが「なるほど」とか「その視点はなかった」とうなずき、著名個人投資家が「素晴らしい」と評価コメントを述べます。

しかしそれはどこまでいっても一種の「連想ゲーム」にしかすぎません。この「連想ゲーム」では、他人が株式をどう評価するか、買うか買わないかを予測するところにのみ関心が向けられています。それは、これらの番組の制作者たちが「株式投資＝様々な連想を材料に株価が上がる銘柄を探すゲーム」と思い込んでいるからでしょう。

人気があって注目を集める企業の株価が上がり、そうでない企業の株価は下がる。おそらく株式市場の人気投票としての側面しか彼らは見ていないのでしょう。既にご説明の通り、株価＝影です。彼らは影のみを見て、その影をつくる実体の存在について意識すらしていないと思われます。

テレビ番組に限らず、多くのメディアによる情報発信は、他の人が買いそうな株を探しましょう、そういう株なら株価が上がる可能性が高そうです、だから先回りして買っておきましょう――これが株式投資で成功する秘訣だと受け取る人を増やしているように思います。株式市場が活況になればなるほど、テレビやネットで「株式投資＝連想ゲーム」という認識がますます広がっていくのかもしれません。

確かに上場企業の場合、株価を決めているのは市場、つまり、多くの参加者の意見とそれに基づく行動です。他人の考えや行動を予測することに意味がないわけではありませんが、個々の投資家の考えは、短時間でいとも簡単に移ろうものです。それこそ影のように。

他人の行動を予測したり、連想ゲームに時間を使ったりすることが、持続的な投資の成功にはたしてつながるものなのでしょうか。

長期投資で資産を築くために注意を向けるべきは、株価という影でもなければ、その影をつくりだす他人の行動や考えでもありません。あなたが見つめるべきは、実体であり、その実体を見きわめようとしている自分自身です。株の実体とは、その株を発行している企業であり、その企業が営《いとな》む事業そのものです。その事業が、これから将来どれだけの額を稼ぎ、利益を実現するのかがその企業の実力であり、「価値」なのです。株式投資においてはその「価値」を自分自身でつかもうとすることが何よりも大切です。「株価・影・他人」ではなく、「企業・実体・自分自身」に注意を向けていきましょう。

資本主義で「違い」が生まれる理由

既に述べてきた通り、リスクを取らなかった人からリスクを取って成功した人へと富が移転する、これが資本主義の原則です。株式投資においてはいつリスクを取るかという、リスクを取るタイミングが将来においての大きな違いをつくりますので、そのタイミングを的確にとらえることが重要です。では、そのタイミングを的確にとらえるには何が必要でしょうか。

それは、**「価格と価値の違い」を正しく理解すること**です。ここからは、価格（株価）と価値（企業価値、企業の稼ぐ力）の違いについて述べていきます。

価格と価値とは決定的に違うものなのですが、これを意識しないまま、あるいは混同したまま何十年もの間、株式を買ったり、売ったりしている人がまだまだたくさんいると私は感じています。そのような多くの投資家は目先の株価（価格）及びその変動にばかり気を取られてしまい、その結果、長い時間軸で見た場合には合理的とは言えない判断、行動を繰り返しているようにさえ思えます。もちろん「狼狽売り」もそうした判断、行動の典型です。「狼狽売り」は、売る側を主語にした行動ですが、実はこの「狼狽売り」にこそ「いつ買うか」のヒントが隠されているのです。

急ピッチで円高が進行するタイミングでの2024年8月5日の日経平均株価急落時の投資家の行動が、このように日経新聞のウェブサイトで紹介されていました。

〝「投信からのこれほど大きな資金流出は、新NISAが始まって初めてだ」こう驚きの声を上げたのは、QUICK資産運用研究所研究員の石井輝尚さんだ。8月7日、投資信託の購入・設定から売却・解約を差し引いた資金流出入額の合計が1609億円の流出超となったからだ。〟

〝新NISAのつみたて投資枠でひときわ高い人気を集めているのが、米S&P500種株価指数に連動するインデックス型投信「eMAXIS Slim 米国株式(S&P500)」。この投信では8月6~8日の3日間で計300億円近くの流出超過となった。米MSCIが算出している全世界株式指数(ACWI)に連動するインデックス型投信「eMAXIS

Slim 全世界株式（オール・カントリー）」（通称：オルカン）も、7日に78億円の流出超となった。〃

〃大幅な資金の流出は一時的で、9日以降は通常のペースで資金流入が資金流出を上回る状態に戻った。ただし、石井さんは「買い戻しの山らしいものが見られない」と指摘する。慌てて売却した後、「危機は長続きしない」と判断する人が多ければ、売却した分の買い戻しが相次ぎ、資金流入額が通常より膨らむはずだ。しかし、そうした傾向が見られないという。〃

〃こうした資金動向を見ると、慌てて売却して、そのまま投資をやめてしまった人がある程度いるのではないかと考えられる。〃

https://www.nikkei.com/article/DGXZQOUB23AZB0T20C24A8000000/

突然の株価急落と円高の進行で、海外株式の投資信託が大きく売られて解約されたこと、そして、その後の買い戻しの勢いが弱いことが伝えられています。これは典型的な「狼狽売り」の一例と言えます。ここで紹介された「狼狽売り」の一因は、投資家が保有している資産の中身をよく理解できていないことにあると考えられます。**資産の中身ではなく価**

格ばかりを見ているため、価格が下がったことだけを理由に「狼狽売り」の行動をとってしまうということですね。

先ほど「狼狽売り」は売る側の主語とご説明しました。しかし「狼狽売り」は売り手だけでは成立しません。狼狽した投資家から安い価格で売りに出された資産を、その安い価格で他の投資家が買っているからこそ、売買が成立しています。株式市場では買う人がいなければ売買は成立しません。あなたの「狼狽売り」を待ち構えて買いまくっている人の存在を、その人物がどんな表情や感情で買っているかを、想像してみてください。

株価暴落の当日、不安や恐怖に耐えきれず「狼狽売り」を選択したあなたは、その夜、何を考えるのでしょう。もうこれで増え続ける損失を見なくて済む、楽になれる、そんなことを考えられるかもしれません。もしかしたら、株なんてもうこりごり、とさえ感じられているかもしれません。そんなとき、あなたの売った株を暴落のその日の株価で買った投資家は「素晴らしい買い物ができた」と会心の笑みを浮かべながら、その機会を提供してくれた株式市場の仕組みに感謝しているかもしれません。

ウォーレン・バフェットは言います。

「株式市場は、忍耐強くない人から忍耐強い人々へお金を移動させる装置である」

改めて申し上げますが、株価暴落は数年に一度、必ずと言っていいほどやってきます。そのたびに「狼狽売り」を続けていたら株式投資で大きな資産を築くのは非常に困難になることがよくご理解いただけると思います。

もちろん、株価急落の後、さらに価格が下げ続ける可能性もありますが、その資産の価値、実力を拠りどころにしている投資家ならば、さらに買い進めることも十分に考えられます。こうした相場での振る舞い、行動次第で「違い」を積み上げていくのが資本主義という仕組みです。

このように株価（価格）だけで判断、行動してしまうのは、多くの投資家がその場の「勝ち負け」ばかりを気にしているからです。自分自身の「買値《かいね》」と、そのタイミングでの時価とを比べて「勝ち負け」を決めることに明け暮れている間に、長い時間軸で見れば大きなリターンをもたらす資産を、知らず知らずのうちに手放してしまっていることも起こり得ます。

「勝ち負け」を決めているのは株価です。上場企業の株価の上下は自分の力ではどうすることもできません。それは市場が決めるものだからです。したがって、自分が買った際の買値にこだわることや、それだけを基準に売買の判断をすることはナンセンスです。目先の株価だけを拠りどころにした株式投資に明け暮れていては、リスクを取らなかった人からリスクを取って成功した人へと富が移転するという、資本主義の原則の恩恵を得られないと私は考えています。

「価値」は一人ひとり違う

私が投資する企業を選ぶ基準は、株価ではありません。その企業の「価値」＝企業価値で選びます。企業価値とは、その企業が将来にわたってどれだけ稼ぐことができるかを表した、その企業の実力と言い換えられます。

自分の買値を基準にして増えた、減ったの〝勝ち負け〟。あるいは、他の投資家や株価指数に対する〝勝ち負け〟を意識している投資家が非常に多いことは、ここまで述べてきたとおりです。しかし、**株式投資の判断の拠りどころとすべきは「勝ち」ではなく「価値」です。**

「勝ち」ばかりを気にしている投資家は、「価格と価値の違い」を認識していません。「勝ち」と「価値」の最も大きな違いは、「勝ち」は過去から現時点までの実績によって示されるのに対して、「価値」は現時点から将来を見積もった、その予測からもたらされるところにあります。株式投資の果実は、常に将来の時点でもたらされるものです。そう考えると、長期投資で成果を求める投資家が「価値」に目を向けるのは当然のこととおわかりいただけることと思います。

既に繰り返し、繰り返し、ご説明の通り、株価は影です。株価という影に心を惑わされて間違った判断を取らないために、影の実体をしっかりとつかむことが不可欠です。影をつくっている実体は企業であり、その企業が営む事業です。そして、その企業の価値をどうつかむのかを決めるのは市場ではありません。そう、あなた、投資家自身です。

そして、企業の価値であるところの「企業が稼ぐ力＝実力」を自分自身で主体的につかもうとすることが、欲や恐怖に打ち勝ち自分の心理のコントロールを可能にしてくれると私は考えます。ですから私自身の株式投資では、投資しようとしている企業と投資している企業の価値を主体的に、自分で集めた材料をもとに考えて見積もることが最も重要なプロセスとなるのです。

ここで私が考えるところの企業価値＝企業の実力を数値化しようとする営みの一環として、「**理論株価**《りろんかぶか》」というものが使われることがあります。マネー誌等でも定期的に掲載されていたりしますのでご存じの方もいらっしゃるかもしれません。この「理論株価」には注意が必要です。マネー誌にずらっと並んだ数値をご覧になって、あたかも専門家が合理的に、客観的に計算して導き出した数値のように受け取られている方もいらっしゃるでしょう。しかし、この〝理論株価〟は安易に頼れるものではありません。

頼りにならない理由の一つは、「理論」という言葉です。「理論」という言葉から、あたかもロジカルに導かれた正解であるかのようなイメージをもってしまいがちです。しかし、実際の計算では、計算する人が、過去5年の平均数値をもとに中長期的な利益成長率を設定するといったように、計算にあたっての前提を置きますので、その前提次第で結果に幅が出ます。つまり言い換えると、**どんな結果でも仕立てることができます。**あらかじめ「理論株価」のレベル感をおおまかに決めておき、それに近い株価になるように計算式を作ることさえできてしまうということです。

算出プロセスが分からない数値、恣意的《しいてき》に算出されかねない数値をはたして「理論株価」と呼んで信頼して良いでしょうか。前提となる要素や数値が共有できていて、かつそれを導く理論と数式を理解し納得できていない限り、「理論株価」を株式投資の判断の拠りどころとして使うべきではありません。そして、マネー誌に載せられた「理論株価」の前提が明らかにされていることはまずありません。

このように私がアドバイスする理由は、前提や理論・数式も明らかにされていない、「理論株価」という**他人の判断、考えに依存《いぞん》してしまうことが大きな問題**だと考えるからです。投資をしようと考えている企業の価値、稼ぐ力は、自分自身で主体的につかむべきです。心理のコントロールの箇所でも重要性を特に強調しましたが、この**主体性《しゅたいせい》**こそが、価値をつかみ認識するプロセスでも最も大切な姿勢なのではないでしょうか。

株式投資における主体性については、スパークス・グループが非常に簡潔に本質的なことを伝えています。スパークス・グループは私が注目する投資会社の一社で、その創業者である阿部修平氏は世界の著名投資家のひとり、ジョージ・ソロス氏から資産運用を託《たく》された経験を持つ投資家です。その阿部氏の率いるスパークス・グループが投資で最も重要視している姿勢が「主体性」であることが次のメッセージから読み取れます。

〝スパークスでは、投資とは「企業の実態価値と価格（株価）との間に生じる差異の裁定機会に主体的に参加すること」と定義しています。〟

https://www.sparx.jp/insight/buffettclub/column/99.html

たとえ最終的に数値として企業価値・企業の稼ぐ力を算出することを目標にしていても、その算出のために使う前提は人によってまったく違ったものであるはずです。「市場の成長性」や、事業の競争優位性や安定性を左右する「経営者の質」「ビジネスモデル」、さらにはそれを支える「企業文化」といったものなど、企業価値を測るには様々な要素を考慮しなければならなくなるものです。そのように評価するための要素が多ければ多いほど、企業価値として算出される数値は、それを測った人によって違ったものになるのは当然です。

つまり、**「価値」は一人ひとりの中にある。**だからこそ、企業価値＝企業が将来にわたって稼いでいく実力を拠りどころにしてリターンを目指す長期投資家には、主体性が必須なのです。主体性が足りないと、しっかりと握っていなければならないときにこそ、これから大きく成長する可能性を持った貴重な資産を手放してしまったり、速やかに手放すべき将来性に乏しい資産をいつまでも抱えたままでいたりすることになってしまうのです。

主体性をつねに意識し続けてきたおかげで、私は株式投資の楽しさをますます深く感じることができるようになりました。ポートフォリオのほぼ全てを日本株としているのは、自分で納得しながら投資に様々な前提、要素を盛り込むことができるうえに、またそこに至るまでの情報収集や仮説を組み立てるプロセスが比較的容易だからです。そして、企業の価値を見積もるそのプロセスはとても楽しく刺激的なものなのです。「主体的に取り組むからこそ、企業価値と価格の差が見えてくる」というスパークス・グループの姿勢に長期投資家の本質があることを、私は日々実感しています。

株価にふりまわされない

実際の取引の中で、上下する株価にふりまわされずに「価値（企業の実力）」をもとに判断するコツを伝授しましょう。

今あなたが保有している2500円の株が2000円へと、2割値下がりしたとします。この変化率の大きさだけを捉えたら、大ごとですよね？

しかし、「その株にはそもそも5000円の価値がある」と認識していたとしたらどうでしょう？

- 価値に対して5割でしか取引されていないものが、4割に下がったに過ぎない。

↓

- そもそも価値に対して、相当安い株価で取引されていることに変わりはない。

⬅

- より安く買い増すこともできる!

このように考えることができると思います。これが株価に振り回されないためのコツです。つまり、自分が拠って立つところを常に揺れ動く「株価」ではなく、自分がある時点で見積もった「価値」に置くということです。もうお気づきですね、既に繰り返しご説明している影と実体の関係です。

そしてその価値、実体は、株価のように毎分毎秒激しく変動するものではありません。時間をかけてゆっくり変化していくものです。投資先の企業そのものに大きな変化がなければ、本決算が出た後の年1回を基本とすればいいでしょう（自分がおおまかに把握できれば良いので、精度の高さは必ずしも求められません）。

時間をかけて変化していくものにバタバタとせわしなく接するのではなく、足元をしっかり固めることで、揺れ動く影に心を奪われないように工夫するということです。そのためには、「自分で」その根拠をしっかり組み立てた上で企業の価値、実体を見積もることが大切です。

それに慣れてくると、相場心理《そうばしんり》を（無駄に）反映した目先の株価の動きに対しても超然《ちょうぜん》としていられるようになってきますし、時間の使い方も全く変わってきます。

私がこのことに気づいたのは10年以上前の話なのですが、コペルニクス的転回と言いますか、自分の中では天動説が地動説に変わるくらいの考え方の大転換がありました。

この大転換があって初めて、偉大な投資家たちがこれまで異口同音に語ってきた「価値」の重要性が、ストンと腹に落ちるようになっていきましたし、これが自分にとっての正しい道なのだとも思えるようになりました。

本書では、まるまる1章（本章）を割いて「価値」（と価格との違い）を論じますが、それはこの大転換を自分のものとするのにはどうしても時間がかかるからです。個人差もありますし、また、何年、何十年経っても一向に腹に落ちない人も大勢いらっしゃるようにも感じています。

資本主義は、リスクを取らなかった人からリスクを取った人へと富が移転するのが原則だと述べましたが、闇雲《やみくも》にリスクを取っても富をつかむことはできません。「価値」という拠りどころが必要です。**富をつかむための、最も重要な原則の一つが「価値と価格は違う」**

です。この原則を腹落ちさせずにリスクを取ったとしても、長い目で見れば報《むく》われることは期待できないでしょう。

株価の長期チャートは信頼できるか

「価値（企業の実力）」と「価格（株価）」との違いを考える上で、過去の株価推移を示す長期チャートの信頼性についても述べておきたいと思います。

たとえば、ある優良企業の株価の動きがある期間冴《さ》えないとします。市場全体の株価水準が順調に伸びているのに、その企業がどうにも出遅れている。その企業の株価推移を示す長期間の――たとえば10年、20年のチャートを見ると、順調に株価は上昇してきた。どうやら足元の低迷は一時的なものに見える。このようなケースはどのように考えれば良いのでしょうか。

優良企業だし、長期で見れば株価は伸びてきたのだから、いずれ市場全体に追いつくだろう、と考えていませんか。こうした考え方こそ「価格（株価）ばかり、価格だけを見ている」ことになります。こうしたケースでは、その企業の業績そのものに加え、内部環境・外部環境を再確認する必要があります。その確認の結果、不安な要素が自社や市場環境、競合状況から浮かび上がってくることがあります。結果として、その企業がもはや優良企業ではなくなり始めていることに気づくかもしれません。こうした確認を怠《おこた》って、過去に安心材料を探すのは大きな間違いにつながる可能性があります。

インデックスファンドの投資家の方々が、相場急変時になると、その際の心の支えとして、グローバル株価指数の長期チャートを活用しようとキャンペーンされているのを見かけます。ただそれは世界経済が成長し続けるという前提に立ち、それまでの価格推移の延長線上で語っているに過ぎません。それを個別株にもあてはめてしまうのは大変危険であることが、おわかりいただけるかと思います。

「価格と価値の違い」がストンと腹落ちしたとき

ここまで私は何度も「価格と価値の違い」の大切さを説いてきましたが、私自身も、この違いがストンと腹落ちするまでにはかなりの時間を要しました。決め手になったのは一冊の本との出会いでした。本の著者は岡本和久氏。岡本氏は当時の日興證券を経て外資系年金運用会社に15年勤められた後、投資教育会社を起業された、日本の資産運用業界を代表するレジェンドのお一人です。その岡本氏の著書『長期投資道——「勝者」のゲームを闘う法』では、株式の価値と価格との関係が次のように説明されていました。

〝日々、変動する株価は影である。影の動きに超然としつつ、冷静に株式の価値を把握し、そのときの相場環境において、株価が割高か割安かを判断していく。つまり、揺れ動く影（株価）を、実体の変化（株式の価値）と、光の位置の変化（相場心理）の2つの要因に分けて分析するのだ。

これらの2つの要因を把握してこそ、影（株価）の動きが理性的に判断できる。影のみを見ていても、けっして影の動きは予測できないのである。

揺れ動く影に惑わされることなく、株式の実体価値がどのように変化しているかを把握していくこと。これが株式投資において、長期的かつ継続的に「勝者」として勝ち残るための条件なのだ。

この道もまた、奥義を極めるには芸術や武術などと同じく、長きにわたるたゆまぬ修行と尽きることのない情熱を必要とする。しかし、その知識が自分の体の一部になれば、逆にその知識にとらわれることなく、柔軟かつ自然に相場に対応できるようになる。それが、いわゆる「名人芸」の域だ。まさに、投資もひとつの「道」なのである。〟

私がこの本と出会ったのは、2010年前後の、金融危機（いわゆる「リーマンショック」）の余波が残る時期だったと記憶しています。1990年代から株式投資を始めていた私でしたが、この本に出会うまで10年以上も「価格と価値の違い」がしっかりとわからないままでいたことに気づかされました。岡本氏の表現で言えば「体の一部」ではなかったわけです。この本と出会えたことで進むべき「道」をはっきりと見つけることができたように思います。

この岡本氏著の『長期投資道――「勝者」のゲームを闘う法』には非常に興味深い事実があります。この原著は1989年12月に岡本氏が自身で自費出版されています（その後、1990年11月に商業出版）。1989年12月といえば、日本はバブル経済のピーク、その後30年以上一度も超えられなかった日経平均株価の高値を記録した月です。日本の株式市場が「欲」に満たされていた時期と言えるでしょう。

私が手にしたのは、2009年3月に復刊されたものでした。2009年3月といえば、金融危機で日経平均株価が7000円台まで落ち込んだ月であり、日本の株式市場が恐怖、不安、諦《あきら》めに満たされていた頃です。

同じ内容のこの本が、株式市場が両極端の時期にあったそれぞれのタイミングで二度出版されていたことが示唆《しさ》に富んでいるように感じられるのは私だけでしょうか。

「価格と価値の違い」がストンと腹落ちした際には、もう一つ大きな気づきがありました。それは、企業の実力、価値を数値化することができるのだということです。つまり、企業が将来にわたって稼いでいく実力を数値として計算したものが「企業価値」である、という気づきです。この気づきを得るまで、私は株式投資において、市場でつけられる株価＝価格以外の拠りどころを持てていなかったように思います。

多数の他人から成り立つ市場によって決められる、自分では何もできない株価＝価格ではなく、主体的に自分にしか計算できない「価値」を拠りどころにすれば良いのだ――これに気づけていなかったら、私の資産形成は全く違った道のりになっていたことでしょう。

インデックスファンドであれ、アクティブファンドであれ、「個別株長期投資」であれ、株式投資で資産形成を目指す場合、「価格と価値の違い」をどの時点で体得できるか、で10年後、20年後に居る場所が変わってくるだろう、ということです。本書が「価格と価値は違う」と繰り返し、繰り返し強調している理由はそこにあります。

第5章

株価暴落までに見つけておきたい「買う」企業の選び方

ここから、投資先の選び方、企業の実体を主体的に測る「**マイ目標株価**」の計算方法など、具体的な実践方法をご説明します。数年に一度やってくる「買い時」の株価暴落が、いつ訪れるかは分かりません。しかし、これから述べる実践方法を体得すれば、株価暴落がいつ来ても準備ができているはずです。また「株価暴落の夜」に翌日以降の行動を決める際に迷うこともないでしょう。

波乗りと山登り

既にご説明した通り、株価とは企業の実体に相場心理という光があたってできた影です。欲と恐怖の大きさに合わせて影は大きく長くなったり、小さく短くなったりしています。株式投資で勝とうとする人の大多数は、株価の変動そのもので利益を得ようとしますが、それはまさに影を追いかけるようなものです。もしも企業の実体を把握する努力をおろそかにし、影の動きばかりに気を取られてしまうような根拠の薄いアプローチをとるのだとしたら、それは投資ではなく「投機」であると私は考えています。

実は、私もこういった「投機」に明け暮れていた時期があります。株式投資を始めたての頃、インデックスファンドのつみたてと並行して、株価変動に期待した短期の売り買いを繰り返していたのです。

結論から言いますと、私は「投機」にはまったく向いていませんでした。売り買いのために投じた時間の割には大して儲からなかったのです。端的に言えば、「投機」に取り組んだのは自分にとっては時間の無駄となってしまいました。「投機」にはアスリートのようなある種の運動神経、センス、そして反復練習のごとくアプローチの検証作業が求められ（したがって、万人が結果を出せるわけではなく）、かつ性格的にも向き不向きがある（どちらかというと敏感・臆病《おくびょう》な方が「投機」向き、鷹揚《おうよう》な方が「投資」向きである印象です）と私は感じておりますが、自分には合わなかったということです。あなたにはアスリートになる覚悟はおありでしょうか？　競技を行う上で、自分のどこに優位性を感じていますか？　「投機」をする前に、そのことをよく考えてみる価値はありそうです。

「投機」を「波乗り」にたとえてみます。株価の派手な値動きは大きな波のようだからです。乗るのにおあつらえ向きな波を探し出し、乗れるチャンスをタイミング良くとらえ、できるだけ短期間で「安く買って高く売る」を目指す――これが典型的な「投機」のイメージです。株価が派手な値動きを見せそうな銘柄が見つかると、人気のサーフポイントにサーファーが押し寄せるかのように、その銘柄を目指して多くの投機家がやってきます。

その時期には大きな盛り上がり、悲喜こもごも見られますが、その盛り上がりが過ぎるとまた別の波を求めていくかのように、投機家は別の銘柄へと移動していくのです。当然のことですが、これでは投資している企業の持続的な価値増大の恩恵を受けることはできません。

短い期間での結果を求めていく「波乗り」＝「投機」とはちがって「投資」には相応の時間が絶対に必要です。投資は、企業の将来にわたっての稼ぐ力の成長を期待する行為だからです。その意味で、長期投資は時間をかけて頂上を目指す「山登り」にたとえることができます。

企業は常に順風満帆《じゅんぷうまんぱん》に一本調子で実力を高めていくわけではありません。それは、超優良企業にも当てはまります。現在の超優良企業も山あり谷ありを経験しながら時間をかけて実力を高めてきました。そして、短期でみると、株価はその実力を挟《はさ》んで上に下に振り子のように変動しています。しかし、長期でみると、実力を高めてきた企業の株価は決まって右肩上がりになっているものです。

「山登り」を続ける投資家は、投資している企業の将来にわたって稼ぐ力と、その実力の成長からのリターンを期待しています。そして、実力が一本調子で増えるわけではないこと、見通しの良い尾根歩きばかりではなく、時には厳しい谷を越えていかなければならないことも受け入れながら、さらなる成長を思い描きながら投資を続けているのです。その過程はさながら険《けわ》しく高い頂を目指す「山登り」のようです。

この「山登り」には多くの時間を要するだけではなく、株価がまるで奈落《ならく》の底にも見える安値まで落ち込む時期を耐え忍ぶことも必要になってきます。長い時間をかけて「山登り」を続けるためには、株価に翻弄《ほんろう》されずに心理をしっかりとコントロールできることが極めて重要になります。そして心理のコントロールに成功すれば、「買う勇気」と「買わない勇気」を適切なタイミングで使えるようになり、大きな富を得られる可能性を手繰《たぐ》り寄せることができるようになるのです。

衝動的な行動が正しい結果につながるか

話題はみたび、米国の大手運用会社バンガード・グループが、リーマンショックから間もない2008年10月に発信したコラム『なぜ「今投資をやめる必要がないのか」その4つの理由とは?』からとなります。その4つ目の理由は「**衝動的な判断は正しい結果を生まない**」でした。これは株価の大きな変動の際に衝動的な行動を戒《いまし》める警告です。

株価が大きく変動するとそれに応じて何か行動を取らなければならない、行動しないと損失をこうむってしまい、損失が広がってしまうのではないか、と考えてしまいがちです。しかし、こうした状況において**「何も行動しない」という選択肢もある**ことをこのコラムは示しています。

第2章でご説明した通り、株価は、人の欲、恐怖や不安といった心理がつくる影です。ですから、ごく短期間に元に戻ることもありえます。相場心理の大きな動揺、そこからくる影の伸び縮みに惑わされたあなたの衝動的な行動が、結果として損失につながるリスクのことを考えてみてください。

そういった影に惑わされた衝動的な行動の代表例が「狼狽《ろうばい》売り」です。衝動的にその行動をとってしまう前にまず「何もしない」という選択肢を思い起こせるかどうかが、資産を守るという意味では重要になってきます。

2024年8月の株価急落でも日経平均株価は激しく上下しました。この8月5日だけで12・4%も下落しましたが、その翌日には逆に10・2%上昇しました。もし、あなたが大きな波を求めて動き回る投機家であれば、ここで行動しないわけにはいかないでしょう。しかし、時間をかけて山登りする投資家は全く違うはずです。ですから「何も行動しない」でも問題ありません。**「株価暴落の夜」に翌日以降どう行動するかを考える際には、「何も行動しない」も立派な選択肢の一つ**です。たとえば、暴落から短期間で株価が回復するケースをイメージしてください。このケースではバタバタと忙しく行動しても長期的には大した影響が無い可能性があります。何度も繰り返しますが、相場の急変時にまず取り掛かるべきことは影ではなく実体を見ることです。市場を大きく動かしている原因が、投資している企業の稼ぐ力にどのような影響を与えるかを主体的に考えるべきです。このような姿勢でいれば、衝動的な行動を取ることはないはずです。衝動的な行動は、影と実体の区別ができていないことの表れなのですから。

もちろん、こうした株価の大きな変動にそなえて準備ができていたのなら行動するのが正解です。なぜなら、その行動は衝動的なものではなく計画的なものだからです。

稼ぐ力を拠りどころにした投資先選び

株価の上下動に合わせて短期間での結果を求める「波乗り」ではなく、投資している企業の稼ぐ力の高まりを楽しむ「山に登る」投資で最も大事になるのが、どの山に登るかです。時間をいくらかけても稼ぐ力の伸びが見込めない「山」を選んでその山に長期間登り続けても、報われることは決してありません。当然のことながら、その投資を通じて資産を築くことは不可能です。

バブル崩壊以降30年以上続いてきたデフレが終わり、足元ではインフレに転換しました。デフレがあまりに長く続きすぎたせいでまだまだ順応《じゅんのう》しきれないところもあるかもしれませんが、様々な点で大きな変化が既に起きています。

2008年のリーマンショック当時はデフレ真っただ中でしたから、当時「成長企業」として注目されていた企業の一つに、100円均一ショップのセリアがありました。同社はデフレが追い風となり、当時は将来にわたって稼ぐ力を持っている企業であると評価されたわけです。しかし、インフレの環境下では諸々《もろもろ》のコスト上昇が逆に向かい風になります。同社は販売価格の方を固定する道を選んだわけですから（なお、安易な価格帯変更に頼らず経営努力で乗り切ろうとしている点に関しては、大いに評価に値すると考えています）。よって株式市場における評価もデフレ期に比べると大変厳しい状況となっています。

インフレ下の株式市場では値上げのできる、強い価格決定力を持つ企業がより高く評価されることになります。投資先選びにあたっては、（後で説明する「3C分析」をもとに）市場環境を把握し、その強い価格決定力の源泉を探ることが重要です。

インフレへの転換でもう一つ重要なことは、現金保有の意味です。インフレ経済になると、現金の価値は時間の経過とともに目減《めべ》りするスピードが早くなります。その目減りを意識することなく多額の現金保有を続けることは得策《とくさく》ではありません。現金保有は、デフレでは「石橋を叩く」、手堅い、意義ある判断でしたが、インフレでは逆に資産を危険にさらすことになってしまいます。

インフレでは、現金保有を減らし「株式」の割合を相応に増やすことが大切になってきますが、「株式」ならなんでもいいというわけではありません。インフレに負けない強い企業、稼ぐ力を増大し続ける企業の株式を選ばなければなりません。そこで重要になってくるのは株価ではありません。なぜなら、株価は人間、市場の群集心理がつくりだす影に過ぎないからです。実体となる企業、その事業の将来にわたる稼ぐ力を把握しなければならないのです。

文系脳のための投資先選び――まず「言語化」する

「どんな企業の株を買うか」は、最終的には一人ひとりが自ら主体的に決めることですが、その手順をここから具体的に説明していきます。

個別企業への投資に興味をお持ちの初心者の方から「できれば長期投資をしたいけれど、文系脳なので数字がたくさん出てくると辛《つら》い」「調べるべきもの、決断すべきものが多すぎてどこから手をつけていいかまったくわからない」とよくお聞きします。実のところ私も文系出身で、数字に特に強いというわけではありませんし、文系脳であるという自覚もあります。私のような文系脳の皆さんの声に応えるようできるだけ数字を避けながら、かつ、文系的なセンス、感覚を活用できる手順を公開したいと思います。投資先の選び方の手順は様々なものがあふれていますが、文系ならではの思考様式にフォーカスしたものは他にほとんどないと思います。

文系脳が投資に活きるのが「**言語化**」です。

直感的に「この企業に投資してみたい！」という感情がわいたとします。そこから実際に投資行動に移すまでにまずやっておくべきことは、そのように感じた、考えた理由をハッキリと言語化して文字に残しておくことです。この時点では凝《こ》ったものをつくる必要はありませんが、必ず文字としてアウトプットしておきましょう。たとえば「他店では置いてない大きなサイズの靴が、いつも揃《そろ》っている」などの簡単なもので構いません。その企業を面白いと思ったきっかけ、評価できると感じたポイントをできるだけ多く書き出していきましょう。なんでも構いません。企業ごとにその魅力は別々のところにあると思いますのであまり型にはめなくてもいいでしょう。

もう一つ心がけたいのは、自分の投資家としてのレベルなど気にせずに、あくまで思いつくままに面白いと思った理由、評価できると感じたポイントを列記していくということです。ハードルを上げる必要はまったくありません。ふとした感想を書いた素朴《そぼく》な短いメモが後で大いに役に立つこともありますので、自分自身の率直な所感を文字で書き残しておきましょう。最初は拙《つたな》くても、繰り返していると言葉が研ぎ澄まされて、言語化能力が高まっていくのが実感できるかと思います。しっかりと企業の魅力を言語化できていると、この先の情報収集や分析、投資ストーリーづくり、そしてマイ目標株価の計算での助けになります。

企業のありたい姿、実現しようとしているビジョンや事業の軸については、その企業自身がコーポレートサイトなどで言語化してくれていることもありますので、そうした言葉に注目してみるのもいいでしょう。具体例を挙げてみます。

たとえば企業の連結会計システム「DivaSystem」を提供するアバントグループ。彼らはビジョンの一つとして「経営情報の大衆化」を掲《かか》げています。

もう一つの例は、防災用建築・土木資材を扱う前田工繊《まえだこうせん》です。彼らは「前田工繊は混ぜる会社」という企業メッセージを掲げており、そこに一本筋の通った事業の軸を感じます。以下は同社のリクルートサイトに書かれているメッセージです。

〝前田工繊は「人」と「技術」を混ぜる会社です
前田工繊は、2000年以降、15件以上のM&Aを行いました。その結果、様々な「技術」と多様な「人材」が集まり、それらが混ざることでイノベーションが生まれ、成長を続けています。〟

https://recruit.maedakosen.jp/company/top-message/

前田工繊は土木資材だけではなく、医療（既に事業を譲渡しましたが）や自動車のホイール製造を手がけるなど、M&Aを活用しながら幅広い事業に積極的に進出していますが、こうしたメッセージがあることで、それぞれの事業にどんな「混ぜる」があるのか、と投資家は関心を抱くことができます。

経営者が情熱を持って経営している会社ならば、きっとこのようにすっきりと言語化されている言葉、つまりキーワードを見つけることができると思います。それらのキーワードは皆さんが企業を分析し、理解を深めるための良い材料になることでしょう。その会社はどのような事業活動でビジョンを実現しようとしているのか、その商品・サービスによってどんな社会課題を解決していきたいのか。該当する商品・サービスがどのような発展・進化を遂《と》げてきたのか、あるいは、どんな顧客、業界に受け入れられているのかについても、企業の発表資料の中から見つけ出すことができるかもしれません。それらも少しずつメモに加えていきましょう。

こうした経験を積み重ねていくと、企業自身が言語化した言葉を参考にしながら自分自身でオリジナルな言葉を生み出せるようにもなってきます。

障がい者雇用支援業のエスプールという企業があります。エスプールは「アウトソーシングの力で企業変革を支援し、社会課題を解決する」というミッションを掲げているのですが、表には出せない本音の部分ではそんなきれいな行動原理では動いていないようなイメージを（失礼ながら勝手に）抱いていました。

もっといい意味でずる賢いというか、社会のバグを見つけて利用するのが上手いというか……そこでふと私の頭に浮かんだのが、「『背に腹は代えられない』系サービス」という言葉です。エスプールは「障がい者雇用支援サービス」の他にも「人材アウトソーシング／人材派遣サービス」「広域行政ＢＰＯサービス」「環境経営支援サービス」などを幅広く展開していますが、いずれも顧客企業あるいは自治体のまさに背に腹は代えられない切実な「お困りごと」に対して、社会課題解決と結びつけた形で上手に付加価値を高めて事業化しているものと感じられました。

このように企業のありたい姿、ビジョン、存在意義や事業の軸の言語化が果たされて、自分の中に落とし込まれていると、株を購入して投資をスタートする際はもちろん、株を売却する際にも自分自身の納得感につながります。たとえば、事業展開が軸から外れてきたとか、軸そのものが時代に合わなくなってきたなどの状況を言語化した投資ストーリーと照らし合わせて整理することで、売却の決断もしやすくなるからです。

さて、以上のように「この企業に投資してみたい！」と感じた理由を言語化してそれを書き出すことがある程度できたところで、次はその企業の業績や財務状態を眺めてみましょう。

文系脳のための投資先選び――過去の業績の傾向をざっくりと把握する

投資してみたい企業の面白いと思った理由、評価できると感じたポイントを言語化できたら、次に取り掛かりたいのは、その企業の業績や財務の傾向をざっくりと把握することです。

文系脳であっても、ここでは数字に触れないわけにはいきません。でも安心してください、難しくならないような説明に努めます。

まず確認したいのが、上場企業ならば必ず財務局および金融庁に提出している、有価証券《ゆうかしょうけん》報告書《ほうこくしょ》という書類です。企業のウェブサイトのIRページ、あるいはEDINET《エディネット》で入手することが可能です。

その有価証券報告書の本文2ページ目に載せられた表「主要な経営指標等の推移」から5期分（可能であれば、2つつなげて10期分）の数字を拾って並べてみます。並べた数字から次の三つを確認します。

①業績が「安定」して「成長」していることを確認する
②少ない投資でたくさん稼げているか、キャッシュフローの状況から確認する

③ROEの高位安定を確認する

まず、業績の「安定」と「成長」から説明します。

最初に、企業の業績が「安定」していることが確認できると、将来にわたって企業の価値と株価とが大きくブレずに並走《へいそう》することが期待できるため、長期投資においては大きな安心材料となります。逆に業績の「ボラティリティ」（変化率の大きさ）は、波乗りのトレードで儲けるには重要な要素ですが、長期投資ではその不確実性ゆえに敵となることが多くなります。業績の不安定さそのものによって、企業の価値、実力に対する市場の評価が割り引かれてしまうためです。

次に、企業の実力を拠りどころにする長期投資では「成長」は必須の要素です。ただし、注意すべき点がいくつかあります。一つは売上高の急成長です。株式市場には売上高の急成長を評価する投資家も多いのですが、急成長しているということは、その市場自体が大きく伸びていることと想像されます。そうした拡大のさなかにある市場は、新しい競合相手が次々と市場参入し、競争環境が厳しくなることで消耗戦に突入する事態も十分に考えられます。したがって、「成長」という観点では、売上高よりも経常利益、当期純利益の推移により大きな関心を向けるようにしてください。

また、利益面においては、新商品や新サービスを市場に投入して売上高の急拡大を目論《もくろ》む際には広告宣伝費などの経費をかけて一時的に利益を犠牲にすることが必要な場面もあるでしょう。しかし、株式会社において株主の経済的な取り分は唯一、純利益からのみです。ですから、5年、10年の時間軸で、その推移を注視する必要があります。ある年に減益や赤字になるだけでなく、それが延々《えんえん》と続く、そうでなくても度々起こるようであれば、株主としての取り分が増えていくことは期待しづらくなります。そのような企業の株を欲しがる投資家の数も当然減っていくことでしょう。

ここで出番となるのが、さきほど触れた有価証券報告書です。有価証券報告書は全体では100ページを超えるものも多いのですが、この時点で見るのはさきほど言及した「主要な経営指標等の推移」という、その中にある1ページのみです。

これは有価証券報告書の2ページ目に必ず載せられているもので、直近の5年（5期）分の売上高、利益などが一覧できます。その企業のウェブサイトのIRページやEDINET、あるいは「株主プロ」(http://www.kabupro.jp）のようなサイトで過去をさらにさかのぼることができます。可能であれば10年（10期）分の数字を拾《ひろ》って並べて眺めてみましょう。

ここでは、一般用（ドラッグストア等で買える）医薬品とスキンケア商品の製造販売を行っているロート製薬を具体例として取り上げます。下の表はロート製薬の２０２４年３月期までの直近11期分の業績です。

２０２４年３月期の売上高は２７０８億円となっていますが、前年２０２３年３月期の売上高２３８６億円から伸びています。コロナ禍前の２０２０年３月期の売上高は１８８３億円、その翌年２０２１年３月期は１８１２億円と微減しましたが、そこから3年で50％売上高を増加させることに成功しています。10年前、２０１４年３月期の売上高を確認すると、１４３８億円でした。10年で2倍には届きませんが、着実な成長がうかがえます。というのも、この間に売上高が前期比で減少したのは２０２１年３月期のみでした。成長性だけではなく安定性もあることがわかります。

当期純利益も確認してみましょう。２０１４年３月期は89

（億円）	売上高	当期純利益
2014年3月	1,438	89
2015年3月	1,517	86
2016年3月	1,670	90
2017年3月	1,545	100
2018年3月	1,717	92
2019年3月	1,835	97
2020年3月	1,883	154
2021年3月	1,812	167
2022年3月	1,996	211
2023年3月	2,386	263
2024年3月	2,708	309

ロート製薬の業績推移

億円でした。翌２０１５年３月期の純利益は86億円と減益となりますが、２０１６年３月期は90億円と増益します。その後、２０１９年３月期までは１００億円近辺をウロウロしましたが、２０２０年３月期に純利益１５４億円とすると、そこからは増益を継続、２０２４年３月期には３０９億円と、２０２０年３月期から純利益を倍増させました。業績推移を並べてみて売上高もさることながら利益がさらに伸びているのがわかったことで、この企業への関心、興味がグッと高まった方も多いのではないか、と想像します。その関心、興味が、事業の特徴や強みを主体的に調べる原動力になることでしょう。

有価証券報告書の2ページ目には、主要な経営指標の推移とあわせて、財務状態に関する数値が載せられています。純《じゅん》資産《しさん》額、総資産《そうしさん》額、そして自己資本《じこしほん》比率です。

純資産額は、株主の持分《もちぶん》を示している一方、総資産額はそ

（億円）	純資産	総資産	自己資本比率
2014年3月	986	1,622	60.2%
2015年3月	1,105	1,775	61.7%
2016年3月	1,112	1,795	61.4%
2017年3月	1,184	1,815	64.7%
2018年3月	1,284	1,981	64.2%
2019年3月	1,321	2,009	65.1%
2020年3月	1,400	2,156	64.4%
2021年3月	1,566	2,261	68.8%
2022年3月	1,839	2,748	64.8%
2023年3月	2,150	3,096	67.6%
2024年3月	2,470	3,461	71.0%

ロート製薬の財務状態の推移

の企業の全ての資産の金額を示しています。自己資本比率は総資産に対して株主の持分がどのくらいの割合を占めているかを示しています。自己資本比率の数値が大きい方が、借入金等への依存が少ないことになります。

ロート製薬の場合、2024年3月期末、総資産3461億円に対して純資産2470億円。自己資本比率は71%と非常にガッチリとした財務内容です。加えて保有の現金は865億円と十分な状態だと言えます。財務状態が健全であると評価できる企業です。

文系脳のための投資先選び――少ない投資でたくさん稼げているか、確認する

その企業が「少ない投資でたくさん稼げているかを、キャッシュフローの状況から確認する」ことも、有価証券報告書の2ページ目にある主要な経営指標等の推移からざっくりとしたイメージを持つことができます。

キャッシュフローとは企業の現金の流れを示しています。「利益は意見、キャッシュは事実」という言葉もあるくらいで、例えば減価《げんか》償却《しょうきゃく》費や引当金《ひきあてきん》の計上方法（=経営者の意向）によって変わる利益とは違い、現金の流れ、キャッシュフローはありのままの姿であるため、ごまかしが利きません。よって、両方を見ることが大切です。

キャッシュフローは三つに分類されます。営業活動によるキャッシュフロー（以降、営業CF）、投資活動によるキャッシュフロー（以降、投資CF）、財務活動によるキャッシュフロー（以降、財務CF）の三つです。

営業CFは読んで字のごとく、その企業が事業活動、日々の営業から新たに生み出した現金の金額を示しています。企業間の取引では現金を受け取る前に売上を認識することが通常ですし（いわゆる「掛け売り」）、また仕入れた商品が売れるまでは在庫として残るため、利益が出ていても営業CFがマイナスになることもあります。ただ、大きな付加価値の創《そう》出《しゅつ》を継続的に実現できている、稼ぐ力のある企業の営業CFは、通常コンスタントにプラスになります（※業種によって例外はあります）。

投資CFは企業の設備投資、事業買収等の投資活動に関わる現金の増減を示しています。積極的な新規投資を実行する企業の投資CFはマイナスになります。新規投資を行わず遊《ゆう》休《きゅう》資産や事業の売却を行った場合などは、投資CFがプラスになることもあります。積極的に新規投資を実行する企業の場合、投資CFのマイナス額が営業CFよりも大きくなることもあります。そのような場合は手持ちの現金を取り崩すか、銀行から借入金を増やす、あるいは、新たに増資するなど資金調《ちょう》達《たつ》を行いますが、これらの結果の現金の流れが財務

ＣＦになります。財務ＣＦには株主への配当や自社株買いでの現金の動きも反映されます。

「少ない投資でたくさん稼いでいるか」は、営業ＣＦ、投資ＣＦの二つの推移から確認します。ロート製薬の主要経営指標の推移をもう一度見てみましょう。

２０２４年３月期の営業ＣＦ３４２億円に対して投資ＣＦはマイナス１６３億円。投資ＣＦのマイナス額の2倍以上の営業ＣＦとなっています。ここで注意が必要なのは、投資の効果はすぐにあらわれず数年の時差があるものです。そこで投資ＣＦの推移にも着目します。２０２０年３月期の投資ＣＦはマイナス94億円。それ以降、マイナス１０２億円、マイナス１６４億円、マイナス１３１億円と多少の凸凹はありますが、極端な変化は見られません。

ロート製薬で注目したいのは、コンスタントに営業ＣＦが投資ＣＦのマイナスを上回っていることです。営業ＣＦと投

（億円）	営業CF	投資CF	現金等期末残高
2014年3月	186	-126	230
2015年3月	112	-90	250
2016年3月	113	-60	224
2017年3月	134	-95	234
2018年3月	191	-110	300
2019年3月	217	-102	373
2020年3月	190	-94	446
2021年3月	200	-102	522
2022年3月	272	-164	709
2023年3月	309	-131	776
2024年3月	342	-163	865

ロート製薬のキャッシュフローの推移

資ＣＦの合計額をフリーキャッシュフロー（以降、ＦＣＦ）と呼びますが、ＦＣＦがプラス基調を維持しています。この表よりもさらに過去をさかのぼると、ロート製薬は２０１０年３月期以降、ＦＣＦのプラスがずっと続いていることがわかります。ＦＣＦのプラスを継続でき、かつこの表からわかるように営業ＣＦも拡大傾向にあるということは、事業で得られた現金の範囲内で上手に投資を行い、その投資が着実に成長に結びついている企業と推測することができます。

文系脳のための投資先選び――ROEの高位安定を確認する

「ＲＯＥの高位安定を確認する」も、有価証券報告書２ページ目、主要な経営指標等の推移で確認できます。自己資本利益率《じこしほんりえきりつ》、これがＲＯＥに当たります。ＲＯＥとは、当期純利益÷自己資本という財務指標の一つです。バランスシート上の株主の持分である自己資本に対してどれだけ稼げているか、自己資本の効率性を示しています。業種や財務構成によってＲＯＥは様々ですが、株主からするとＲＯＥが高い方が望ましいということになります。ただし、資金調達に関して借入金等の負債による割合を高めるとＲＯＥを上昇させることができてしまいますので、単純に高ければ高いほど良い、とは言い切れません。少し乱暴になってしまいますが、あるべきROEの下限としての目安は8%から10%としておきます。そして、ROEの数値がいくらかより重要なことはこのROEの数値が安定しているかどうか、さらに理想を言えば上昇傾向にあるかどうかです。ふたたびロート製薬の有価証券報告書に戻ってみましょう。

2024年3月期の自己資本利益率は13・6%となっています。2020年3月期は11・4%、2014年3月期は9・4%となっており、ROEがじわじわと高まっているのが見てとれます。皆さんはロート製薬のROEの推移をどのようにご覧になるでしょうか?

投資においては、こういった評価を皆さんが「主体的」に考えてみることが大切です。他社の事例もぜひご自身で確認してみてください。

さて、私の投資先選びでは、その企業に「のめり込めるか」をとくに重視しているのですが、それだけでは「主力」クラスの投資先にまで買い増すことはありません。私が投資

	自己資本利益率
2014年3月	9.4%
2015年3月	8.4%
2016年3月	8.3%
2017年3月	8.8%
2018年3月	7.6%
2019年3月	7.6%
2020年3月	11.4%
2021年3月	11.7%
2022年3月	12.7%
2023年3月	13.6%
2024年3月	13.6%

ロート製薬のROE推移

先選びでもう一つ重要視しているのが「暴落に耐えられるか」です。なかでも業績の下方《かほう》硬直《こうちょく》性《せい》に注目します。業績の下方硬直性とは、シンプルに言い換えると、減益になりにくいかどうか、です。

業績推移を確認してみて、過去に減益の事実が見られる場合は、その減益理由がどのようなものかについて、理由を確かめる必要があります。その理由が経済全体によるものなのか、業界特有の事情によるものなのか、ビジネスモデルが環境変化に適応できていないなどその企業固有の事情によるものなのかで、将来の予想図も変わってきます。

誤解していただきたくないのですが、全ての減益が悪というわけでもありません。減益には大型案件の検収《けんしゅう》時期のズレが原因であることや、意図して先行投資的な費用を大胆に先行させた可能性なども考えられます。関心を寄せている企業なら、過去の減益決算の理由、背景を確かめてみることは決して無駄にはなりません。

減益になりにくい企業の特徴としては、継続的な売上が見込めるストック型のビジネスモデル、競合の事業者への変更が困難なスイッチングコストの高いビジネスモデルを有していたり、必需品やリピート需要が見込める商品・サービスを扱っていることなどが挙げられます。こうした事業、ビジネスモデル、商品・サービスをもつ企業の業績は、厳しい事業環境でも大崩れしません。あわせてバランスシート、財務状態も確認しておきましょう。借入金が少なく現金を多く保有していれば、環境が悪化しても持ちこたえる持久力を備えていると言えるでしょう。

文系脳のための投資先選び――3C分析

皆さんは企業の強み、特徴を分析するための手法、3C分析はご存じでしょうか。3C分析の3Cとは、**市場［Customer］、競合［Competitor］、自社［Company］**の頭文字をとったものです。

3C分析は、企業からみた外側であり売上高の源《みなもと》である顧客と、その市場で比較される競合企業の分析から事業を成功させるための必要条件を見出し、自社の戦略に活かすための分析手法です。

この3C分析を投資先選びでうまく活用するには、以下のようにポイントを絞って考えてみるのが初心者にはおすすめです。

市場：「どこまで」成長できるか

競合：「どうやって」競争優位性を築いているか
自社：「なにが」付加価値をもたらしている経営資源か

市場の「どこまで」、競合との比較での「どうやって」、自社の強みの「なにが」をつかむ際にも有価証券報告書の記載が参考になることが多いのでしっかりと読んでみます。

まず市場の「どこまで」は、市場の範囲に注意を向けてみましょう。国内であれば、都市部か郊外型か、どの地域まで展開できているのか。海外であれば、受け入れられている国・地域はどこか。国内の小売業であれば、どんな立地に店舗が多いのかも注目すべきでしょう。

一例として、日本製にこだわった高級ヘルメットメーカー、SHOEIの有価証券報告書を確認してみましょう。2023年9月期の有価証券報告書の9ページ目では次のような説明がなされています。

〝欧米日市場の深掘りと顧客密着の販売体制を構築し、世界中の全ての国々でトップシェアを維持します。また、今後の若年層を中心にライダー人口、バイクブームの拡大が期待されるアジア、中国を中心とした新興国での販売を強化します。〟

この説明から、ＳＨＯＥＩが先進国で高いシェアを維持しながら、中国・アジアでの売上高拡大に対する強い意欲を持っていることを読み取ることができます。

さらに「どこまで」という点では地理的な関心に加えて、時間的な観点も意識してみるといいでしょう。つまり、その事業の「将来はどこまでどのくらい明るいか？」です。その企業の持つ事業、ビジネスモデル、商品・サービスは将来も社会、顧客から強く必要とされる要素を持ち合わせているかをしっかりと見極めることが大切です。一過性《いっかせい》のブーム、流行に左右される面が大きいと気づいたら、私の場合、その企業への興味は減っていきます。なぜなら、そうした特徴を持つ企業の業績はブレ幅が非常に大きくなり、増益、減益を繰り返す可能性が高くなるからです。

こうした利益の変動が大きい業績の不安定な企業は、株価もきわめて不安定になってしまいます。長期にわたって顧客、社会から強く必要とされ、支持を集める商品、サービスを持つ企業は、将来にわたって一貫して稼ぐ力がある企業だとみなすことができます。そうした実力を持つ企業は、市場環境の変化で一時的に業績が落ち込んでも、いずれ苦境を耐え切り、復活するはずです。仮に市場全体の株価暴落時に株価を大きく下げても、いち早く株価が回復するのもこうした企業の特徴です。

次に、競合との比較で「どうやって」優位に立っているのか、については典型的な勝ちパターンがあります。その企業ならではのブランドなどの無形資産、スイッチングコストの高さ（簡単に他社に変えることができない）、ネットワーク効果（そのサービスを利用しないと不便極《きわ》まりない）、規模や独自プロセスで実現されたコストの優位性といったビジネス上の特徴が、再現可能な勝利をもたらしてくれるのです。この「どうやって」が真似《まね》のできないユニークなものであればあるほど、企業間競争で優位に立つことができ、強い価格決定力を持つことにつながります。

SHOEIの有価証券報告書では、その商品ブランド戦略を次のように説明しています。

〝多様化するライダーの嗜好に対応し、「お客様のニーズに沿った付加価値機能」を備えた、クラシックモデルや利便性の高いモデルを展開します。また、研究開発体制を拡充し、エレクトロニクス対応を促進、時代の最先端を走る製品開発によりブランド力アップを図ります。〟
〝パーソナル・フィッティング・システム（ＰＦＳ）サービス（個別フィッティング調整）の普及に引き続き努めて参ります。日本市場におけるＰＦＳサービス普及の経験を活かし、欧米やアジア市場での普及促進を強化します。〟

ライダーの嗜好に対応した商品の企画開発力、そこから生まれるブランド力、独自のサービスの普及促進が「どうやって」の具体策と考えられます。
最後に、「なにが」付加価値をもたらしている経営資源かについても有価証券報告書から読み取ってみましょう。ＳＨＯＥＩの場合は、〝Made in Japan《メイドインジャパン》〟が数ある「なにが」の中の一つとして、特にこだわりを感じる部分です。有価証券報告書では次のように説明されています。

〝当社のヘルメットは「造形（デザイン）・製品開発」「品質保証」「生産」という相互にトレードオフするミッションを全うして初めて市場に送り出されますが、ここが当社の競争力の源泉であり、いずれのミッションが海外に移転しても現在のブランドを維持できないと考えています。他社ではコストダウンを目的として生産部門を海外に移転するケースが散見されますが、当社は海外移転によるメリットよりデメリットの方が圧倒的に大きいと判断致します。Made in Japanで勝負し続けることこそが、ブランド力を高く維持し、競争力を保ち続ける為に当社が取るべき唯一の選択肢であると確信しております。〟

Made in Japan＝「唯一の選択肢であると確信」――ここまで高らかに力強く宣言していることに感銘を受けます。

ＳＨＯＥＩのように強い意思を表明している有価証券報告書ばかりではありませんが、有価証券報告書が、事業の特徴、強さをつかむための３Ｃ分析の助けになることはお分かりいただけたかと思います。有価証券報告書はその企業への投資を前向きに検討したいと感じたら、必ず読むべきマストアイテムとお考えください。数をこなしていく中で、きっと「のめり込める」企業が見つかることでしょう。

文系脳のための投資先選び――投資ストーリーを自分の中に落とし込む

有価証券報告書を通じて業績推移をつかみ、３Ｃ分析で「どこまで」「どうやって」「なにが」について情報を集めて整理ができたら、次のステップ、投資ストーリーづくりです。

皆さんは、投資検討中の企業をここまで調べてきたことによって、独自の経営資源を活かして競争優位性を保ちながら成長した未来のその企業のイメージが、だんだん形づくられていくのを感じませんか？　そのイメージは妄想《もうそう》と他人から言われるようなものかもしれません。しかし、そんなことは何も気にする必要はありません。あなたが主体的に考えて調べた成果が、その企業の成長のストーリーであり、**あなただけの投資ストーリー**なのです。あなただけの投資ストーリーをつくって自分の中に落とし込む。これが個別企業への投資で最大の醍醐味の一つだと私は思っています。そしてそのストーリーこそが、投資している企業への「好き」を強化し、いわゆる「握力」を強めてくれるのです。つまり、投資の拠りどころになるのです。

あなただけの投資ストーリーは、「株価暴落の夜」にも大きな支えとなるでしょう。株式市場全体が暴落すると、それにつられて、皆さんの投資している企業も多かれ少なかれ巻き添えをくらっていることでしょう。株価の下げ方次第では、一気に評価損状態に突入しているかもしれません。そこでは、ミスター・マーケットが「早く売ってしまったらどうですか」「評価損がもっとふくらんでもいいのですか」などと、あなたを動揺させる言葉をかけてきます。しかし、あなただけの主体的で具体的なストーリーがあれば、「こんなに素晴らしい企業がこんなに安く買えるなんて！」と前向きに考えることができます。ミスター・マーケットの声にも耳をふさぐことができるはずです。

あなただけの主体的で具体的な投資ストーリーは、株の売却の際にも力を発揮します。なぜなら、投資ストーリーの前提になっていた条件が損《そこ》なわれたり、見通しに変化が生じたりすれば、それが売却する理由、拠りどころとなるからです。惚《ほ》れ込んで「好き」一辺《いっぺん》倒《とう》になってしまっては、先々の見通しが立たない塩漬《しおづ》け株を作ってしまいかねません。冷静な判断を下せるようになるためにも、情報収集と言語化に基づいた整理を経て組み立てた投資ストーリーは必要なのです。

そして実は、このプロセスにも一つ問題があります。それは、「成長ストーリーにはいささかの問題もないものの、株価が高くなりすぎている」場合の対処が、これだけでは難しいという問題です。言うなれば「いつ買うか、いくらで買うか」問題です。その解決策が**「マイ目標株価」**ということになります。

第6章

株価暴落までに計算しておきたい「マイ目標株価」

「マイ目標株価」の簡易計算法

実際に株式を買う判断、行動をするときには、拠りどころとなる価値をもとにした、目標となる株価が必要になります。この株価を**「マイ目標株価」**と名付けることにします。自分の価値観や考えをもとに、自分自身で計算するから、〝マイ〟目標株価です。マイ目標株価は、株式を「いくらで買うか」「いくらなら買えるのか」を判断するための材料となります。

加えてもう一つ、「マイ目標株価」には大きな役割があります。株価暴落の際、それ以降の判断の拠りどころにもなるのです。**「株価暴落の夜」にまず確認すべきものの一つが、あなたの投資している企業の、あなたが計算した「マイ目標株価」です。**

私が実際使っているものを、多くの皆さんにとってより直感的で使いやすいものとなるように修正・簡略化した、「マイ目標株価」の計算法をここからくわしくご説明します。

「マイ目標株価」を計算する手順は、まず、対象となる企業の5年後（現在進行している期＋4期目）の1株当たり当期純利益、EPS（Earnings Per Share）を予測、算出してみることから始めます。現在進行している期が2025年3月期だとすれば、2029年3月期のEPSを算出することになります。

算出するにあたって、まずは有価証券報告書、決算短信等の企業が発表する資料から今期予想数字、及び前期までのＥＰＳの実績数字を拾い、並べてみます。そして、自分で主体性を持って調べてつくった投資ストーリーをここで整理します。その企業はどんな事業を行っているのか、商品・サービスの独自性・競争優位性はどこにあるのか、なぜこの事業を始め、現在解決しようとしている社会課題は何か、どんな市場環境の中、どんなビジネスモデルで利益を生み出しているのか、そのビジネスモデルは過去どのような経緯をたどってきたのか、そしてこれらを総合的に踏まえるとどのような成長イメージが持てるか等々。

一見、数字そのものとは関係のないものも含めてつきつめて調べてみることによってはじめて、自分が思う「成長スピード」「成長の確からしさ」を設定することが可能となります。このプロセスは、数値を主体的に導き出すためには欠かせないものです。5年後の予想に関してはとても楽観的なものから非常に保守的なものまでいくつかのシナリオができることでしょうし、そのシナリオに応じて5年後のＥＰＳも何パターンも計算できるはずです。

もう一つ、「マイ目標株価」の計算にあたり、見積もっておかなければならない数値があります。株価収益率、ＰＥＲです。ＰＥＲとは、今の株価が何年分の当期純利益（ここは通常、今期予想の数字を使います）に相当するかを示す指標です。ここでは理論的背景は割愛しますが、ＰＥＲは「成長スピード」「成長の確からしさ」によってその水準が変わるものと考えておいてください。計算に必要なＰＥＲの数値を決めるにあたっては、まず現在の株価に対応するＰＥＲを確認します。毎年順調に利益を成長させている企業であれば、その実績に合わせるかのようにＰＥＲも徐々に高まっていく傾向が見られます。

　たとえば、ドン・キホーテを主力事業に持つパン・パシフィック・インターナショナルホールディングスは30年以上増収増益が続く企業です。このパン・パシフィック・インターナショナルホールディングスのＥＰＳとＰＥＲの推移を調べると、凸凹はあるものの、ＥＰＳの増加にあわせたＰＥＲの上昇傾向が読み取れます。

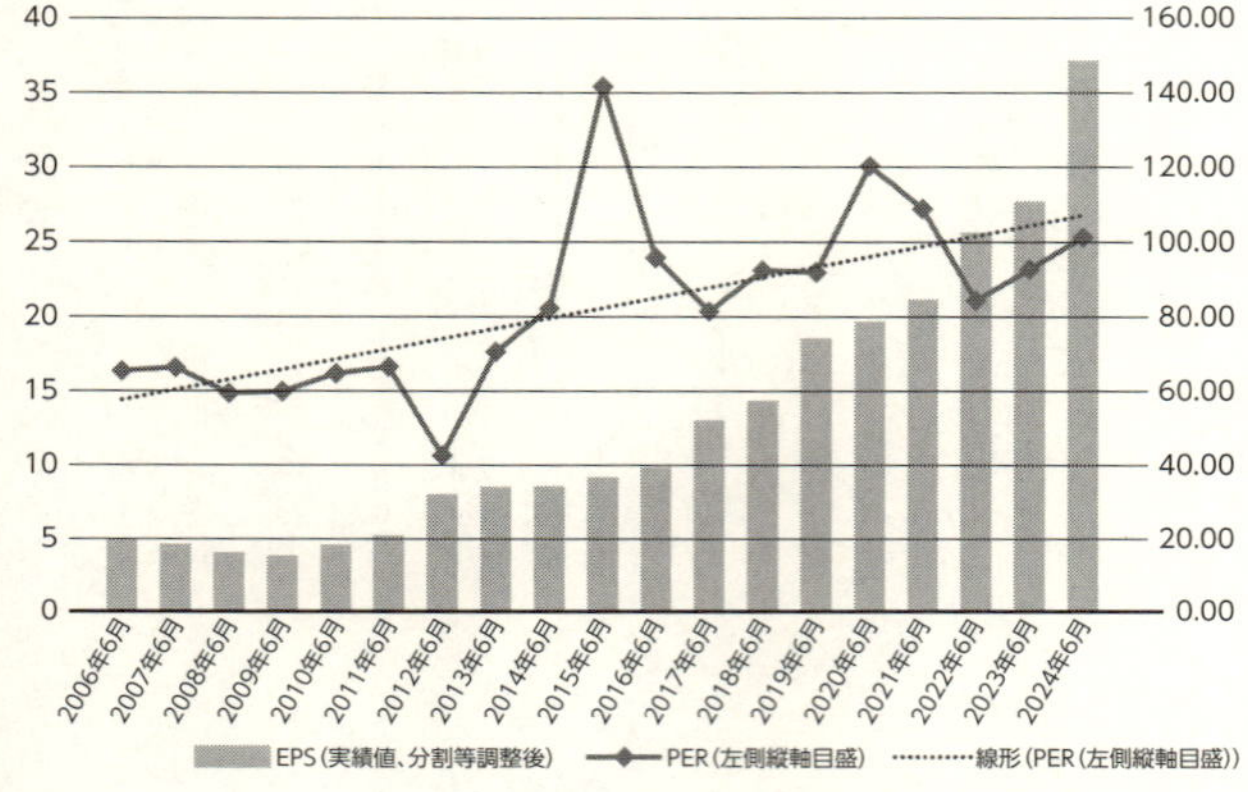

パン・パシフィック・インターナショナルホールディングスの PER 推移。グラフの PER は EPS の実績値を基に計算されたものです。

15年増収増益を続ける、情報システムの構築・運用が主力のオービックでも同様にＥＰＳの増加にあわせてＰＥＲの上昇が見られます。

順調に利益を伸ばし続けてきた実績を示している企業には、株式市場はそれに合わせて高い評価を与えることが多くなります。同じ利益水準の2つの企業があった場合、業績が不安定な企業ＡにはＰＥＲ10倍（株価＝10年分の利益）がつけられる一方、順調に増益を続けている企業ＢにはＰＥＲ20倍（株価＝20年分の利益）となるケースが数多くみられます。

数式を使わずに説明するのは非常に難しいのですが、**ＰＥＲは事業の安定性（着実に利益成長できるか）、言い換えれば不安要素（減益のリスク）が反映された数値**とお考えください。したがって、足元の利益が今後5年間、着実に利益成長を見込めて減益となる要素がないことに加え、事業ポートフォリオにおける成長事業の割合が高まりそうだ、利益率の高

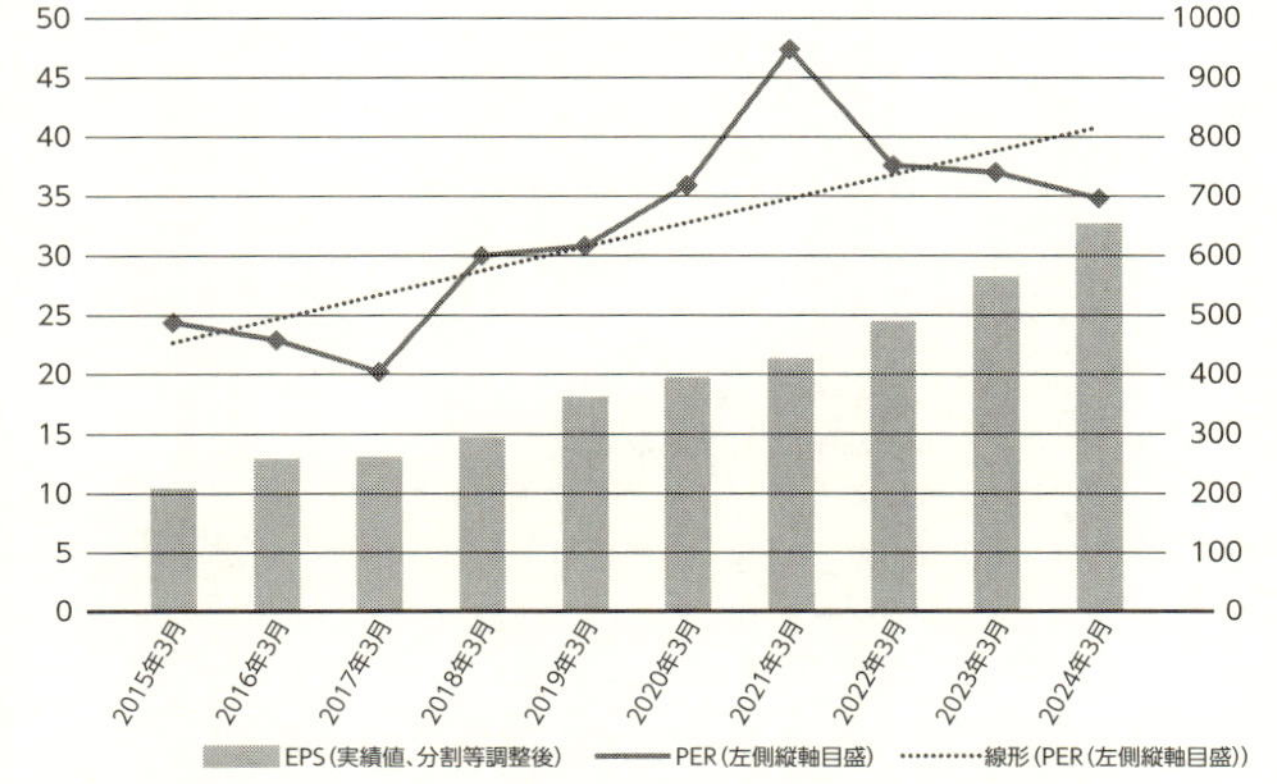

オービックのPER推移。グラフのPERはEPSの実績値を基に計算されたものです。

い保守・メンテナンスの分野が伸びそうだといったようなポジティブな要素があれば、「マイ目標株価」を算出する際に現在よりも高いPERを設定しても良いでしょう。

5年後のEPSとPER、その二つを掛け合わせた数値が、あなたが自分で主体的に導き出したその企業の5年後の株価です。

「マイ目標株価」を計算してみる

5年後の株価、ここでは私の「主力」投資先の1社、HOYAを例に計算してみましょう。HOYAは眼鏡レンズ、半導体関連部材に強みを持つ企業です。HOYAのウェブサイトのIRページで確認できる最も古い有価証券報告書によると、2002年3月期のEPSは204円（以降、少数点以下切り捨て）となっています。そこから毎年の決算期のEPSの数値を拾っていきます。2005年11月に株式が分割されていました。1株が4株に分割されたので2002年3月期のEPSは51円となります。2004年3月期のEPSは87円、その10年後2014年3月期のEPSは135円、さらに10年後の2024年3月期のEPSは515円となっています。

20年でEPSは6倍近くになったことになります。つまり、年率に換算すると9・3％で伸びてきたことになります。同社をとりまく長期的な市場環境の予想（世界で眼鏡を必要とする人口はグローバルで見て増えていく、半導体関連部材の需要は不可逆的《ふかぎゃくてき》に伸びていく、等）と各市場での同社の競争優位性が損《そこ》なわれないことを前提に、この年率でこの先5年もEPSを伸ばせる（※保守的な前提だと思います）と仮定すると、2029年3月期のEPSは803円となります。

	EPS（1株当たり当期純利益）	PER（株価収益率）
2002年3月	51.11	44.2
2003年3月	42.78	41.8
2004年3月	87.74	28.9
2005年3月	144.71	20.4
2006年3月	171.71	27.7
2007年3月	193.50	20.2
2008年3月	189.01	12.4
2009年3月	58.01	33.3
2010年3月	95.24	27.0
2011年3月	138.49	13.7
2012年3月	100.18	18.6
2013年3月	167.47	10.6
2014年3月	135.26	23.8
2015年3月	218.23	22.1
2016年3月	225.45	19.0
2017年3月	221.93	24.1
2018年3月	258.46	20.5
2019年3月	321.55	22.7
2020年3月	303.27	30.3
2021年3月	335.77	38.7
2022年3月	446.45	31.4
2023年3月	469.76	31.0
2024年3月	515.48	36.4

HOYAのEPS（実績値）とPER（実績値を基にした数値）

一方、PERのこれまでの推移ですが、ここ数年は30倍から40倍となっています。PER30倍ということは、利益の30年分の評価が付けられた株価ということです。業種やその企業の成長性でPERは異なりますが、30倍は「成長の確からしさ」がそれなりに評価されたであろう、平均よりは高めの数字となっています。仮にレンジの中間のPER35倍を採用すると、5年後の株価は803円×35＝28105円となることが想定されます。

2029年3月期のEPS　803円、PERの35倍、いずれも自分の考えに基づき採用した、主体的な前提です。この主体的な前提をもとにした5年後の想定株価を半分にした数値を、今の「マイ目標株価」とします。今の株価が「マイ目標株価」ちょうどのとき、5年で株価が2倍になるイメージです。HOYAのケースでいくと、28105÷2＝14052円が現在の「マイ目標株価」となります。

この「マイ目標株価」と現在の株価を比較してみます。

［マイ目標株価＞現在の株価］

現在の株価が「マイ目標株価」よりも安いということは、実際の株価が割安《わりやす》で魅力的な水準ということになります。実際の株価が「マイ目標株価」よりも低ければ低いほど、お買い得になります。株価が暴落してマイ目標株価を大幅に下回る事態となれば、株を買う大きなチャンスになるわけです。

ですから、**「株価暴落の夜」には「マイ目標株価」を忘れずに確認したい**のです。「マイ目標株価」を計算したタイミングが少し古いようであれば、あらためて計算し直してみるのもいいでしょう。ここで考えるべきことは、株価と「マイ目標株価」の差をじっくりと見て翌日以降どう行動するかです。「マイ目標株価」とあなただけの投資ストーリー、それらを自分自身が信じることができれば「これは大きなチャンス！」と勇気がわいてくることでしょう。

［現在の株価＞マイ目標株価］

現在の株価がマイ目標株価よりも高くなっているということは、「5年で2倍」が期待できるほどには割安な水準ではないということになります。新たに株を買うことに対しては慎重になったほうが良いでしょう。この場合、株価が上昇基調になっていることも多く、「さらに株価が上がるのではないか」と考えたくなりますが、現時点では実力以上の評価がなされている可能性があります。その場合には実力が追いついてこない限り、いずれメッキがはがれます。自分でつくった「マイ目標株価」を信じて買わない、が正解です。

ＨＯＹＡの場合、足元（2024年11月）の株価は２００００円を挟んだ動きとなっており、「マイ目標株価」１４０５２円よりもずっと高い水準にあります。そんなＨＯＹＡの株価ですが、２０２４年8月5日の株価急落時、一時１５８７０円まで下げました。この水準でも依然この「マイ目標株価」を上回っているので株を買う水準ではありません。しかし、5年後の株価を算出した際のＰＥＲを40倍にしてみると、5年後の株価は３２１２０円に跳ね上がるため「マイ目標株価」も１６０６０円に切り上げられます。こうなるとマイ目標株価が株価を上回るので「買える」ということになります。

もちろん、前提を変更するには、自分を納得させられるだけの根拠、投資ストーリーが必要です。ストーリーの根拠が薄弱《はくじゃく》であると、高値づかみになってしまう危険性があるからです。

「マイ目標株価」は不確実な未来の要素から導き出されたものです。ですから、未来がそれに近いものになるとは限らず、むしろ予測から大きく外れることのほうが多いものです。実際に5年で株価2倍を実現できるのは、簡単なことではありません。有望な投資先が10

社あったとしても、実現できるのは半分あればいいほうです。全ての投資先を合わせたポートフォリオ全体としては、期待に対して半分実現できればいい（例えば、半分のポジションが2倍、残り半分はヨコヨコ＝株価が上下せず横ばい）ということから、10年で2倍、が私自身のイメージしている目標です。

ここまでお読みになって「難しい、私には無理」とお感じになったかもしれません。確かに投資の経験が少ない方には、マイ目標株価をつくるのは難しい作業に見えるでしょうし、未来の予測なんてできるのか、という疑問をお持ちになるのも当然のことでしょう。未来を正しく予測することは誰にとっても不可能です。

しかし、企業のビジネスモデルや経営者を主体的に知ろうとする時間と経験を重ねることで、不確実性の中にも自分の中では手応えを感じられる要素が少しずつ増えてきます。そうなると「マイ目標株価」の精度が少しずつ上がってくるものです。ですから、大事なことは自分で始めてみることです。

たとえば、「マイ目標株価＞現在の株価」の状態であれば、まずは1単元でもいいのでその株を買い、株主になってみることをおすすめします。

株を買って株主になったら、3ヶ月ごとに発表される四半期決算の内容に注目します。発表された決算数値をもとにして「マイ目標株価」をあらためて計算してみましょう。最新の業績をもとに計算してみると「マイ目標株価」を変更する必要が出てくることもあります。このように自分で計算した新しい「マイ目標株価」(及び2で割る前の、5年後の想定株価)と実際の株価を比較して、保有を続けるか、さらに買い増すかを検討、判断します。

なお「マイ目標株価」を見直すことそのものももちろん大事なのですが、より重要なのは、定期的にチェックを繰り返すことで数値以外の要素に対しても関心を寄せ続けるということです。そのことによって「マイ目標株価」の精度も上がっていくことになるはずです。

私の場合、投資している企業それぞれの業績に対して一定のハードルを設けています。次の決算発表で達成してほしい最低限の業績がハードルになります。私が保有を続けているのは、そのハードルを越え続けた結果ということになります。ハードルを数字として越えるかどうかは重要なのですが、注意を向けたいのは、その中身です。業績にあらわれる数字は順調そのものであっても、それを実現している事業の現況《げんきょう》はどうなのか、ということです。

その企業の創業者の志《こころざし》、その企業の強さの源泉、事業の軸となるコンセプトや価値観・

世界観から、その企業の現在、そして未来へと向かう姿が離れていっていないかに積極的に注意を払いたいものです。そこで重要になるのが、あなただけの投資ストーリーです。

投資を始める際にその企業のためにつくった投資ストーリーと、現在の企業の姿を照らし合わせたとき、違和感《いわかん》があるのかないのか。その検証を怠ってしまうと、目先の業績だけにとらわれてしまい、仮に企業の中身が大きく変化していてもそれに気づけない可能性があるのです。ここでもあなただけの投資ストーリーは重要な役割を担《にな》っています。

「マイ目標株価」は投資判断を助けるツールとして大きな役割を果たしているのですが、私にとって最終的な判断の拠りどころは、その企業の志、DNAに共感できるか、応援したいと感じられるかどうかです。これらが業績や数値に優先します。創業以来の志、事業の軸、経営者の言葉、働く方々のモチベーション、これらは数値化できない要素です。こうした要素を可能なかぎり調べながら自分の価値観と照らし合わせてみます。自分の価値観に合うものをその企業の中に見つけることができたら、その企業に対して「これなら、のめり込める！」と感じられるようになるでしょう。

株を追加で買うか、保有を続けるかを判断する際、この「のめり込めるか」を私はとくに重視しています。のめり込めなくなったら、自分の価値観と、投資している企業が目指す将来像との間にズレが生まれているということです。決算からみる業績のハードルをクリアできていても、その企業が取り組んでいることが自分の価値観からはズレていると感じ、かつそのズレを埋めることが無理だと感じたら、その段階で株の売却を検討していくことになります。そのときの株価や含み損益の状況は二の次です。私の投資の拠りどころは、その企業に「のめり込めるか」どうかにあるのですから。

株式の買い物リストを用意する

企業が将来にわたって稼いでいく実力を拠りどころにする投資を始めるときに、最初にやっておきたいことは株式の「**買い物リスト**」をつくることです。

株価暴落はいつも突然やってくるものです（しかもその多くは、市場のムードが楽観に包まれている時です）。ですから、それがいつやってきても大丈夫なようにあらかじめリストを用意しておくわけです。また、暴落相場はごく短期間に終わるケースもありますので、買い逃しを避けるのにもリストは役立ちます。

気になる企業が見つかったらリストに追加していきましょう。リストづくりで大事なことは、あまり数を絞り込まないことです。このリストづくりの段階で数を絞り込んでしまうと、限られた企業に意識が集中することで個々に対する「買いたい」という感情が強まってしまい、「高値づかみ」しがちです。しかし、急ぐ必要はありません。企業価値をしっかり見極めてからの投資でも大丈夫です。見極めている間に株価が上昇してしまうこともありますが、その際は次の機会を探りましょう。じっくりと穏やかにいけばいいのです。なにしろ上場企業は4000社近くあるのですから。

リストにのせた企業がまとまった数になってきたら、その中で買いたい優先度に順序をつけておくことも有用です。なにしろ暴落のまっただ中では短期間でのスピード判断になりますから、順序が決まっていないと右往左往しているうちに買いの絶好機の時間が終わってしまうこともありえます。ふだんからの準備が暴落時にはものを言うのです。

1単元から始めて1年かけて観察する

買い物リストに載せていた企業の株価がほどよい株価になったら、私はまずは1単元だけ買ってみます。そこから1年程度かけてその企業の価値をじっくりと見極めていきます。1単元の保有であっても、保有しているか保有していないかでその企業に対する姿勢、見方の真剣度合いは大きく変わってくると私は考えています。

1単元でも株式を持つようになったら「マイ目標株価」の算出を始めます。四半期ごとの業績発表の数値は当然チェックしますが、それと同じく関心を向けたいのが事業活動の内容そのものです。数値の確認で終わらせない「何か」が発表されていないか、感覚を研ぎ澄ませて調べていきます。ここで、「これはすごい」と感じられる「何か」が見つからないと、その企業にのめり込んでいけません。1単元からの保有で私が見極めたいのは、その企業にのめり込める要素があるのかどうか、長期保有に値するかどうかです。

なお、私は、儲かりそうという期待だけでは、その企業への投資にのめり込むことができない性格です。ですから積極的にその企業の事業内容や歴史、創業者の想いなどに触れてみます。そうしたプロセスを経ても自分の価値観に合っていると感じられないと、その株に本気で投資できません。一方、自分の価値観に合っていると確かめることができた企業には、時間をかけて経過を観察しながら、「マイ目標株価」と実際の株価を比べつつ、投資株数を追加していきます。

もちろん、この確認の過程の途中で株価が急上昇することもあります。その急上昇の結果、実際の株価が「マイ目標株価」のはるか上に行ってしまうことも少なくありません。このような場合、「高値づかみ」を避けるためにそこで買いを諦めることとなります。これからもっとのめり込もうと考えていた矢先の株価急上昇があると、いつも本当に悔しく思います。その悔しい思いを抱きながらも、私は深追いしないことを心がけています。

「違うな」と感じたら速やかにお別れする

このように、私はまず最低1単元保有した後、業績、財務、事業内容、ビジネスモデル、経営者、企業理念や組織文化等さまざまな角度からその企業を評価してみるわけですが、**自分の価値観に照らして「違うな」と感じたら、速やかに売却します。**業績が私の設けた期待に届かないことが理由となることもありますが、それ以上に重視していることがあります。

それは、その企業にのめり込みたくなる要素の有無及びその多寡《たか》です。

そういった要素を見つけられずに「意外に大したことがないな、思ったほどではなかったな……」という理由で株式を売却することも最近では多くなっています。1単元から数単元程度の株式保有にとどめている投資先は常時10社程度。その10社程度はつねに入れ替わっていきますが、ポートフォリオの「主力」になるところまで買い増すのは年に1、2社あれば上出来だと考えています。のめり込める要素がふえてこない企業に大きく追加投資をしていくことはありません。

最近の私が「のめり込む」要素として最も多くの注意を払っているのが、

「創業の動機」
「その企業が持っている世界観や大切にしていること」
「どんな社会課題を解決していきたいか」

です。こうした要素はその企業の原点ともいうべきものですから、これらが私の価値観に合ったものであれば「のめり込む」きっかけになり得ます。これらの要素に加えて、その企業ならではのユニークな商品やサービス、細部までつくり込まれたビジネスモデルや他社との違いを決定づける強みも見出すことができれば、「のめり込み」の度合いが一気に深まっていきます。それに合わせて追加で株を買い増していくことになります。

売却、入れ替えについて補足させていただきます。さきほどもご説明の通り、投資している企業に「違うな」と違和感を持ったら、私はその程度に応じて一部、もしくは全てを売却します。ここで重要視しているのは、「買値」にはこだわらないことです。儲《もう》かっていても損していても、時間をできるだけかけずに株を売っていくようにしています。評価損があっても株価が戻るまで待ったりしません。のめり込める企業、その可能性がある企業のためにもっと時間を使うために、ここでは冷静に割り切った判断、行動が必要だと考えています。

このように違和感があれば速やかに売却することにしているのは、投資している企業を不必要に増やしたくない、分散させたくないという考えがもとになっています。

数多くの株式を保有する分散投資。分散投資の効果効能は私もよく理解しています。業界特有の事情などで一時的に業績が悪化した企業があっても、別の業界に属する企業には影響がないということは頻繁《ひんぱん》に起きるものです。ですから、私の「主力」投資先の数も基本的には10社程度を目安にしています。ここ最近では全体の投資金額の2％以上を占める「主力」は7社に絞られております（24年11月末時点）が、これ以上に闇雲《やみくも》にその数を増やそうとは考えていません。私の目の届く範囲、使える時間は限られています。にもかかわらず、のめり込む要素にとぼしく、また、その要素が増える見通しもない企業を次々とポートフォリオに加えることに私は意味を感じません。

数多くの投資先を持つことそのものに分散効果を感じやすいので、多くの方は数が増えれば増えるほど心地よいのかもしれません。しかし、それはその中身がしっかりと見えた上での選択なのでしょうか？「全体」ではなく、投資する企業の稼ぐ力を拠りどころにしている投資家にとっては、その拠りどころのない投資先を増やすことはむしろ有害な行動と言っても良いとすら考えています。

「お試し」から「主力」候補に昇格するのは年に1、2社

私は1単元の保有から始めて1年程度、その企業にのめり込める要素があるか、業績は順調に伸びているか、株価は魅力的な水準にあるかを適宜《てきぎ》確認していきます。この1年はいわば「お試し」期間であり観察期間です。その期間に確認できたことをもとに少しずつ買い増していきます。このように「お試し」中の投資先は常時10社程度あるのですが、ポートフォリオの中心を担うような段階、「主力」候補まで買い進めるのは年に1、2社あるかないか、というのが実際のところです。

年に1、2社しか「主力」候補に昇格しないのは、のめり込める要素があるか、がいちばんの大きな分かれ目となっているからです。業績、株価水準では満足できる面があっても、その企業の事業内容、ビジネスモデル、経営者、企業理念や組織文化などを自分なり

に分析してみて、のめり込める要素が増えていかない場合は「お試し」のままです。そのように「お試し」のままずっと漂っている投資先企業もいくつかあります。

のめり込める要素を十分見つけられており、市場全体に株価上昇の機運が感じられるなどの場合には、観察期間を途中で切り上げてでも一気に勢いをつけて買い増していくこともあります。この株を大きく買い進めるタイミングとしては株価下落、暴落の局面が最適ですが、こればかりはいつやってくるかわかりません。この企業をもっと買いたい、そう考えているところで株価が下がってくるのは、幸運ですよね。

ここで「長期投資」について私の考えを述べておきます。

長期投資の有効性が世間で語られるとき、「長期保有ありき」の主張が多いと感じます。しかし、投資の入り口のところから「長期」と決めてかかっているスタイルには私は疑問を持ちます。私の場合は入り口段階、1単元を買い始める段階から「長期で保有する」とは考えていません。なぜなら、その時点ではのめり込める要素はまだあまり見つかっていないからです。じっくりと時間をかけて投資先への理解を深めていく中、のめり込める要素が増えていくことで、**結果として長期投資になっている**のです。**投資の入り口から「長期で保有しなければならない」と意気込む必要は全くありません。**

世間では、長期投資なら複利《ふくり》効果の恩恵が得られる、と考えられているようです。これにはある前提が存在しています。その資産の価値が複利的に増加するという前提です。資産の価値は、株式の場合、企業の稼ぐ力次第であり、複利効果の主体はあくまで企業自身です。実力にとぼしい企業の株式を保有していても、たとえそれをどれだけ長い期間保有しても、複利効果を得ることはありません。また、あなたがその時々で株式の入れ替えを積極的に行うことによりパフォーマンスを高めていこうとする行為は、企業の実力によって複利効果を享受すること、言い換えれば「お金に働いてもらう」こととは別物です。「長期投資」の恩恵を受けるためには、その前提を誤解しないようにしてください。

買値とは「過去」。損切りなんて、長期投資にはない

長期投資においては、「買値を下回ったから売る」という思考はナンセンスであり、そもそも「損切《そんぎ》り」という発想はありません。なぜなら、現時点での「企業の実力（価値）」と「価格」とのギャップが投資判断の拠りどころとなるからです。その株をいくらで買ったかという過去は関係ありません。

増大していく「価値」を追いかけて、「価格」が時間をかけて駆け登っていくのを期待するのが長期投資であり、その株を売却するかどうかに「買値」を考慮に入れることがおかしなことなのです。その意味で、「含み益」も「含み損」も関係ありません。**「買値」はあくまでも過去時点における、単なるあなたの判断の痕跡《こんせき》に過ぎない**のです。

もちろん、結果として「損切り」になることはあるでしょう。諸々の事情、たとえば不祥事、事故等で「価値」が大幅に下がったことにより、現在の「価格」が割高《わりだか》になる、すなわち両者のギャップが小さくなる、あるいは逆転（価値＞価格の状態から価値＜価格へ）してしまうような場合には、売りを考えることになります。

もう一つ注意しておきたいことは、1年前に自分が見積もった「価値」は、今見積もる「価値」とは別物であるということです。

1年前に評価した「価値」と比べてその時点の株価が割安だと感じて買ったとしても、それが今あらためて評価した「価値」と比較すると逆に割高に変わっているかもしれません。このような場合、結果としての「損切り」を考えることになります。

しかしその「損切り」は、価格の上げ下げにフォーカスするトレーダーに典型的な思考である、「買値に対して何％下がった」を理由にしたものではありません。

あくまで今の「価値」と「価格」に基づいた判断の結果によるものです。

長期投資においては、「買値」「含み益」「含み損」は、投資判断の要素からは外すべきです。大事なのは、常に今です。投資している企業をどう評価するかを「今」判断する、これが鉄則です。

買値は「過去」の痕跡、判断するのは常に「今」。とは言いつつも、「買値」という過去の呪縛《じゅばく》はなかなか手強いものです。

その呪縛から抜け出して売買を行えるようになるには、慣れと一定の訓練が必要ですが（私も時間がかかりました……）、そこを乗り越えればいわゆる「握力」が圧倒的に違ってきます。そして、握力が強まると「含み損」も気にならなくなります。

なぜなら、投資している企業の「今」の「価値」に意識が集中し、それが株式保有を続けるかどうかの判断の拠《よ》りどころになっていくからです。

「含み益」＝評価益にも注意が必要

ここで「含み益」＝評価益についても述べておきます。

含み益があると安心できると感じる投資家は多いと思います。私自身も含み益が多い方が穏やかな気持ちになっているのは確かです。しかし、含み益があることに安心しきってしまうのは危険です。

なぜなら、上述のとおり、長期投資においては、「買値」「含み益」「含み損」は、投資判断の要素からは外すべきだからです。「含み益」をつくっているのも、「含み損」と同じく、あなたの過去の判断の痕跡に過ぎない「買値」です。含み益があっても、それがたとえまとまった金額であっても、今現在においては投資している企業の「価値」は大きく変化している可能性があります。むしろ含み益が大きい金額である場合の方が注意すべきかもしれません。というのも、大きな含み益があるとそれに安心して、投資している企業の「価値」を過信《かしん》しかねないからです。

含み益の大きさは、あなたの過去の判断が素晴らしかったことを示しているのは確かですが、将来を保証するものではありません。含み益の大きさと「今」の企業の価値、実力は別物です。含み益が今大きくなっているのは、たまたま株式市場がその企業の「価値」の毀損、減少にまだ気づいていないだけかもしれません。仮にその価値が実際には傷《いた》み始めていた場合、それに株式市場が気づけば株価は下落します。その結果、あなたの含み益も減少し、その程度によっては含み損に転じることさえあるでしょう。

このように「含み益があっても注意が必要です」とお伝えすると、「では、どこで利益確定すれば良いですか」という疑問をお持ちになる方もいらっしゃるかもしれません。その疑問に対する答えは、あなた自身がその企業の「価値」を今、計算してみれば浮かび上がります。「マイ目標株価」を思い出してください。

あれは「5年で2倍」となることを期待しての、購入する際の目標価格でしたね（5年後のEPS×PERに対して、半分となる数値でした）。その目標株価に対して「5年で2倍」になる姿が、今の投資している企業の「価値」と考えていただければわかりやすいと思います。株価が「価値」を上回っていれば、5年分を先取りしてしまったわけですから、売ることを検討しても良いタイミングでしょう。逆に「価値」に対して「マイ目標株価」を下回るまで株価が下落していれば、そのギャップ次第では買い増しを検討しても良いタイミングでしょう。

マネー誌等で登場する方々の中で、「買値から株価が20%（30%でも50%でもいいですが）上がったら利益確定する」という「マイ」ルールを持っていらっしゃる方を目にすることがありますが、こうしたルールは企業の稼ぐ力を拠りどころとする投資においては無意味だということがよくお分かりいただけるかと思います。このルールの問題点は、価値、企業の実力ではなく今の株価（価格）を判断材料にしていることです。このルールに素直に従った場合、飛躍的に成長して価値を増大させる企業に投資していても、その恩恵を受けられなくなってしまいます。それは大変もったいないことです。

投資するかしないか、売るか持ち続けるか、それを決めるのは「価値（企業の実力）」と「価格（株価）」との比較、これを大前提にすべきであると私は考えます。

第7章

インデックスファンドのつみたて投資という「降伏」

新NISAで投資元年となった2024年、大きな支持を集めているオルカン、S&P500のインデックスファンド。二十数年前に私が株式投資を始めた際に大いにお世話になったのもインデックスファンドでした。現在、私のポートフォリオではインデックスファンドの保有はゼロとなっていますが、インデックスから個別株に転身した私がインデックスファンドをどう見ているかを述べたいと思います。あわせて、プロのファンドマネジャーが運用するアクティブファンドで「参考にしたいファンド」と「参考にならないファンド」との違いをご説明します。

インデックスファンドつみたて投資は「降伏」の一種

既にご説明のとおり、私の投資のスタートはインデックスファンドのつみたて投資であり、毎月コツコツと給料の中から定額を買い増しするスタイルでした。このスタイルを淡々と続けることで、私は数千万円まで資産を増やすことに成功したわけですが、その最も大きな要因は、株価を意識しなかったからだと今は考えております。つまり、ミスター・マーケットとの関わりを持とうとしなかったからだということですね。株価の変動に合わせていちいち行動をコロコロと変えていたら、私のインデックスファンドのつみたて投資での成功はなかったことでしょう。私も株価に一切注意を向けず機械的に買い続ける仕組みとしてのこの手法の素晴らしさはよく認識しているつもりです。

しかし、そんな認識を持ってはいるものの、インデックスファンドのつみたて投資に関しては、あえて強めの表現を使うとすればある種の「**降伏**」であると今は考えています。それは二つの意味での「**降伏**」です。

一つ目の「降伏」とは、インデックスファンドのつみたて投資を行うのは、そのことを意識してはいなかったとしても、心理のコントロールが自分主体では不可能と認めることに実質的に等しいという意味です。

心理のコントロールをあきらめてしまえば、株価の変動がもたらす欲や恐怖、不安に囚《とら》われることなく資産を積み上げることができるメリットが得られます。このメリットを得るには、かなりの長期間の「降伏」が必要となります。なぜなら、インデックスファンドのつみたて投資には、「高値づかみ」が避けられないというデメリットがあるからです。

タイミング次第ですが、つみたて初期の段階で割高《わりだか》な株価でたくさんの「高値づかみ」をする可能性もあります。割高な資産をたくさん積み上げてしまうと株価急落、暴落で評価損が大きくなったり、評価損を抱える時間が長期化したりもします。つみたて投資の場合、評価損をいくら抱えようとも株価急落しようとも淡々と追加投資を続けなければなりません。そこで株価に反応して方針転換してしまうと、心理のコントロールを自分からあきらめた代わりに得た「株価を見ないメリット」を失うことになります。

二つ目の「**降伏**」とは、企業が将来にわたって稼ぐ力にまったく関心を寄せることなく、その価値判断を自分から放棄《ほうき》しているという意味です。「これだけ将来性のある良い企業なのに、どうしてこんなに株価が安いのか」などと、今の株価に対して時には疑問を持ち、実力に見合った値付けをしていくことこそが、投資家として社会の中で担うべき本来の役割ではないでしょうか。自分が投資している企業の事業に興味を持っても意味がない、その時間がもったいないなどと考えることは、言い過ぎかもしれませんが、独善的《どくぜんてき》でいささか社会に対して無責任であり、上記の役割とは対極にある姿勢のように思えます。

インデックスファンドを保有するということは、ファンドの資産にふくまれる数百、数千の企業の株式を保有するということです。たとえば、S&P500インデックスファンドを保有していれば、米国企業500社の株式を保有しているのと同じです。全世界株式(オルカン)インデックスファンドであれば全世界の企業2700社以上の株式を保有しているのと同じです。これだけの多くの企業数ですから、インデックスファンド内の個々の企業の事業やその実力をつかむことはまず不可能です。不可能だから知ろうとしない、そもそも興味を持たない――これはもはや「**降伏**」と呼んでも良いのではないかと考えます。

インデックスファンドでつみたて投資を継続すると、そのファンド――つまりはその中にふくまれている株式を長期で保有することになります。短期的な売買ではなく、株式の長期保有から得られるリターンの源泉は、その投資先企業の事業が生む利益です。その利益がどんな事業からどのように生まれているかにまったく関心を持たないのは、利益さえ出るのであれば事業の内容は問わない、とにかく稼いでくれればそれでいいという安易な姿勢でいることを疑われてもしかたがありません。インデックスファンドのつみたて投資は、こうした姿勢を長期間にわたって継続することになりかねないのです。

このようにインデックスファンドは投資のリターンの源泉への関心を仕組みとして放棄させてしまっている、そして受益者側もそれに従っているという点で「降伏」と表現させていただきましたが、それ以上にこの「降伏」は単純にもったいない、というのが私の考えです。なぜなら、この「降伏」のせいで、ファンドを構成している企業の事業活動やその社会的な価値に関心を抱く機会を失い、資本主義を活用して大きな資産を築く「幸福」のチャンスを逸してしまうからです。

重要なことなので繰り返しますが、リスクを取らなかった人からリスクを取った人へと富が移転する。これが資本主義の原則です。投資家生活を通じて、投資している企業がどんな事業でどのように利益を生み出しているかについて興味を寄せる機会を積み重ねることで、その事業のリスクをもっと直接取ってみたい、と感じることが皆さんにもきっと増えてくるはずです。少なくとも、私の場合はそうでした。

投資信託に比べると、最低投資金額が大きくなる傾向にはありますが、魅力のある企業の中にも実は数万円から投資できる企業もたくさんありますし、単元未満《たんげんみまん》株を購入するという手もあります。インデックスファンドのつみたて投資のみを行って完全に「降伏」してしまうのではなく、個々の企業にもリスクを取って直接投資してみる、そして生きた企業に投資しているという実感を得ながらその割合を増やしていくことが、あなたにより大きな「幸福」をもたらすかもしれないのです。

個々の企業の価値、稼ぐ実力を拠りどころにして、自ら主体的に取り組む株式投資の世界の魅力に、ぜひ気づいていただきたいと心から願っています。

インデックスファンドから個別株長期投資へのシフト

読者の皆さんの中には、現在はインデックスファンドのつみたて投資をメインにしているものの、いずれは個別株長期投資に取り組みたいとお考えの方もいらっしゃると想像しています（**本書をここまでお読みくださってその気持ちが高まっていたとしたら、とても嬉しいです**）。

ここからは、そんな皆さんへのアドバイスです。

個別企業への投資を長く続けるために重要なことは、事業・ビジネスモデル、そして、経営者・人に関心を持ち続けることです。そこからその企業が社会でどんな役割を果たしていきたいのかが見えてきます。そしてたとえて言うなら、その企業が創業以来どんなリレーをこれまで走ってきたのか、その企業はなぜ走り始めたのか、そしてこれからどこに走ろうとしているのかをつかみ、その想いのこもったバトンを携えて株主として自分もリレーに参加したいと感じられるかが重要です。

事業・ビジネスモデル・経営者・人への関心が持てず、とにかくお金を増やしたいという人には個別企業への投資は不向きでしょう。なお、株価の上げ下げのみをとらえる「波乗り」のトレードならば、これらのファクターへの関心は不要ですが、それがそもそも投資ではないのは、ここまで読んでいただけたら分かるはずです。

私の場合、インデックスファンド主体の運用から個別株長期投資へと、かなり短期間に、大胆にポートフォリオを変更しましたが、皆さんには必ずしもその必要はないと思います。個別株への投資はまずは1社、1単元からで構いません。そこから自分自身で自分が事業・ビジネスモデル、経営者・人に関心を持ち続けられるか——そしてその関心がどんどん高まっていくかどうかを確かめてみてください。投資してみた企業への関心が少しずつ高まっている感覚、株主として企業が走っているリレーに参加している感覚を自覚できたら、あなたは個別株長期投資に向いている、と考えて良いでしょう。ただし、焦る必要はありません。ゆっくり、少しずつポートフォリオにおける個別株の比率を高めていけば良いと思います。

私が2008年に短い期間でインデックスファンドから個別株長期投資へ大きく転換したのは、あまりにも割安《わりやす》と感じられる個別企業がかつてないほど増えてきたという感覚が持てたからです。そして、割安な企業が多くなっているという感覚を持てるタイミングの一つが株価暴落です。株価暴落は、ポートフォリオを大きく転換するチャンスになり得ます。**私がまずは個別株長期投資をゆっくりと少しずつ始めてみるのをおすすめするのは、株**

価暴落に向けたウォーミングアップになるからです。このウォーミングアップができていないと、株価暴落に際して適切な行動をとることはできません。

また、ウォーミングアップのための投資先選びでアクティブファンドのポートフォリオを参考にしてみるのもあなたの選択肢の一つとなります。


もちろん、アクティブファンドであれば何でも構わないというわけではありません。企業の実力、事業・ビジネスモデル、経営者・人をしっかりと調査して投資判断しているアクティブファンドの投資先は大いに参考になります。こうした優秀なアクティブファンドの代表的な存在として、スパークス・アセット・マネジメントが運用する各種ファンドと、農林中金バリューインベストメンツが運用する「おおぶね」シリーズを挙げておきます（立ち上げて間もないですが、なかのアセットマネジメントが運用する「なかの日本成長ファンド」にも注目しています）。

ここに挙げたアクティブファンドの月次《げつじ》レポートをみると、投資先の数がコンパクトに絞り込まれている上に、その投資先の株をいずれも数年以上保有していることがわかります。またウェブサイトやレポートでは、なぜその企業を投資先として選んだのかという根拠が説明されているので、事業やビジネスモデルのどのような点に注目すると良いのかについて、さまざまなヒントを得ることもできます。このようにアクティブファンドの投資判断を知ることも、個別株長期投資に本格的に取り組むための良いウォーミングアップとなります。

ここまでのアドバイスが一歩踏みだす助けになれば嬉しく思います。

投資先探しに参考にできるファンド、参考にならないファンド

ここまで主体性、つまり自分自身で判断、行動することの重要性を何度も強調してきましたが、他人、とりわけ、プロ・機関投資家の投資行動や意見との私の付き合い方をご説明します。

投資のプロ、ファンドマネジャーが投資先を選別するのがアクティブファンドと呼ばれる投資信託です。ごくごく限られた数ですが、私自身、大いに参考にさせてもらっているファンドがいくつかあります。代表的な例の一つがスパークス・アセット・マネジメントの〝スパークス・新・国際優良日本株ファンド〟です。このファンドには『厳選投資《げんせんとうし》』という愛称が付けられています。

このファンドは2008年3月にスタートして15年以上の実績を持っており、2024年11月末で2400億円を超える規模です。このファンドはその愛称の通り、投資対象を厳選しているところ、そして、長期保有を志向しているところに大きな特徴があります。「厳選」、「長期」この二つは、私自身の株式投資でも強く意識していることです。

投資銘柄数が少なめのファンドでも多くの場合、50～100程度の銘柄を保有していますが、『厳選投資』は20銘柄程度としており大きな違いを感じます。そして、ファンドには10年以上保有を続ける銘柄が多数含まれています。頻繁に銘柄を入れ替えるファンドが数多いなか、この点でも大きな違いを持っています。そして肝心の運用成績ですが、2008年3月のスタート時点でこのファンドに投資していたら、16年8ヶ月経った2024年11月末には投資した元本は7・7倍になっています。私の場合、投資先全体、ポートフォリオとして10年で2倍をイメージしているのですが、それを遥かに超える成績をスパークス『厳選投資』は達成してきました。

このように『厳選投資』は非常に素晴らしい成績を残していますが、私がこのスパークス『厳選投資』を参考にしている理由は、過去の運用成績ではありません。その月次レポートにあります。月次レポートとは、ファンドを運営する投資会社が、ファンドを保有している投資家や関心を寄せる投資家に、ファンドの運用状況を報告、アピールするために毎月発信しているもので各社のウェブサイトで確認可能です。2024年9月時点ではファンドに1円も預けていない投資家もレポートをタダで読むことができるのですが、そういった人たちにまでタダで見せるのはもったいないと思わせるくらいの質と量です。

スパークス『厳選投資』の月次レポートは、毎月、数千字、月によっては1万字を超えることもあります。これほどの量のレポートを毎月タダで提供しているファンドは数も限られます。レポートの内容の「濃さ」も際立っています。投資している企業をなぜ選んだのか、どの部分を評価したのか、どんな見通しを持っているのかについて具体的な事例でくわしく説明されています。レポートからファンドマネジャーの主体性が強く感じられ、「この視点は自分にはなかった」「そんな捉え方もあるのか」と、非常にたくさんの学びを得ることができます。そして、レポートの中で説明される将来の見通しは、株価に関するものではないこともポイントです。

そこでは事業と企業の稼ぐ力の先行きをつかみ取ろう、予測しようという姿勢がはっきりと示されています。レポートからしっかりとした哲学の存在が感じられるのです。このファンドのように事業そのものを解説してくれていると、その企業を自分ならばどう評価するか、さらに何を調べるべきかというヒントが思い浮かぶようになってきます。読み手の思考、大げさに言うと、哲学を揺さぶってくるのです。

ここで大事なことは、どんなに中身の濃いレポートであってもそれを「鵜呑《うの》みにしない」ということです。ファンドの意見、評価の根拠となる事実を、その企業自身が発信している一次情報などから自ら確かめることが不可欠です。このプロセスを省いてしまうと、他人の意見にただ乗っかっているだけでそこに主体性がないということになります。他人の意見を鵜呑みにして自分で調べることなく株を買ってしまえば、株価が下がれば怖くなってすぐに売りたくなってしまうでしょう。逆に株価が上がった場合には嬉しくなってすぐに売りたくなってしまうかもしれませんね。そこに「握力」はありません。その企業の実力、価値を自分で確かめようという意思と、それに支えられた行動（動かないことも含めて）がなければ、株式を長く保有することは難しいでしょう。

自ら調べて確認し、自分自身の価値観に合った投資ストーリーがつくれるようになるためのトレーニングとして、『厳選投資』のようなファンドを利用してみるのはおすすめです。私もファンドの月次レポートをヒントに新しい投資先を開拓できたことは何度もあります。大事なことは、主体性を失わず、自分でしっかりと調べること、確認することです。

そして、投資するかしないかを最終的に決めるのは自分自身である、という意識をしっかりと持てるかどうかです。

運用成績の良いファンドの月次レポートから投資アイデア、具体的な投資先のヒントを探している投資家は私に限らずいらっしゃると思いますし、おすすめもしたいですが、ファンドがどのような考えや評価基準のもとにその投資先を選んだかがはっきりしないレポートが圧倒的多数派であることには注意が必要です。厳しく言えば、その種のファンドには哲学というものがありません。成績しか示されず、哲学の存在を感じさせないファンドのレポートをどんなにたくさん読んでも、長期投資に有益なヒントはほぼゼロでしょう。いくら成績が良くても哲学を感じられないファンドの月次レポートを読むのは時間の無駄だと私は思います。

そのファンドに哲学が感じられるか、ぜひ、実際にいくつかのファンドの月次レポートをご覧になってみてください。きっと哲学の感じられないファンドの余りの多さに驚かれることでしょう。大多数のファンドが株価の話、相場の見通しを語るばかりです。投資先企業の説明が加えられていることもありますが、なぜその企業を投資先に選んだのか、何を評価しているのかについて明らかにしているファンドと出会える機会は少ないです。少しずつ変化の兆しもありますが、レポートの受け手である投資家側が変わらなければこの状態はまだまだ続くでしょう。

プロの投資家、優れた成績を残しているファンドを参考にする際にもその哲学を確認し、自分自身の主体性を育《はぐく》む血肉としていくことをしっかりと意識したいものです。

第8章

株価暴落で自信を持って買い向かうための投資ストーリーの磨き方

暴落があっても心理を上手くコントロールし「狼狽《ろうばい》売り」しないという姿勢がしっかりと身につき、「価格と価値の違い」が腹落ちできていれば、そこから違いの大きさを左右するのは、暴落相場でどれだけ自信を持って株式を買えるかになります。そして、その自信の拠りどころとなるのが投資ストーリーです。ここから、投資ストーリーの重要性と、そのストーリーを形づくる材料となり得る株主総会への出席の意義についてご説明します。

株とは何か

私が投資している企業に「のめり込めるか」を重視するようになった一つの理由は、株とは何か、というテーマについて突き詰めて考えてみた際に、それまでのモヤモヤがクリアになったからです。投資ストーリーの重要性をより強く認識するのにも、株とは何か、を改めて考えてみることをおすすめします。ここでは、私が抱いていたモヤモヤと、それを解消してくれたレポートをご紹介します。

「株を買って、企業を応援する」

初心者向けに株式投資の意義を説く際、こうしたフレーズがよく使われます。確かに、買いたい人が増えて株価が上がることによって、その企業の信用も上がります。その結果、その企業が資金を調達しやすくなったり、人材を集めやすくなったりするのは事実です。

しかし、こんな疑問を持たれる人がいます。

私たちが株を買っても企業には1円も入らないのに、はたしてそれが企業を応援することになるのか？

こうした疑問が生まれるのは当然です。株式市場で取引されている株をあなたが買っても、その際に支払ったあなたのお金は企業の手元に届くわけではなく、税金や手数料を除いた代金が売った人に渡るだけだからです。**企業には1円も届きません。**

正直に言いますと、かつて私も、このように他のどこかの株主から株式を買って株式市場に参加する意義について消化しきれず、どこかモヤモヤしておりました。

このモヤモヤを解消してくれたのが、スパークス・グループの水田孝信さんのレポートです。レポートのタイトルは「**なぜ株式市場は存在するのか？**」、２０１８年5月に発信されたのですが、現在もウェブで読むことができます。

レポートの要旨はこうです。

● 株式があることによって、投資家は企業が行う事業が不確実なものであっても、大きく儲けが出た場合はその量に応じて分け前がもらえる。これにより、投資家は不確実な事業へ投資が可能になるにしたがい、これまで誰も思いつかなかった、多くの人には将来どうなるか全く分からないような事業でも資金を集めることが可能となった。株式という仕組みはイノベーションが起こるために必要な、重要な機能を果たしている。

- 株式を持つ投資家は、永久に投資するわけではない。投資家には投資家の事情があり、企業が消滅《しょうめつ》するまでずっと投資を続けられるかどうかは分からない。そもそも投資家個人の命は有限である。一方、企業は永遠に事業を営むことを前提としている場合が多く、実際に百年を超えて事業を続けている企業も少なくない。いつまで継続するか分からない企業の寿命《じゅみょう》に最後まで付き合える投資家はいない。
- 株式は事業資金を支払った証《あかし》であるとともに儲けの分け前をもらえる権利を示すもの。この証と権利である株式を、その企業への投資を今始めたい他の投資家に売れば、その代金を受け取り、投資を終了させることができる。
- 今、投資をやめたい、つまり株式を売りたい投資家と、今、投資を始めたい、つまり株式を買いたい投資家。彼らがお互いを見つけるために、株式を売買したい人たちが集まる場所、これが取引所、株式市場である。

- 取引所、株式市場が活発であれば、投資をやめてお金に換えられる可能性が高く、その売買の容易さそのものが事業資金を呼び寄せることにつながり、イノベーションを後押しする。

レポートの要旨は以上です。お時間があればレポートの全文をぜひお読みになってください。

https://www.sparx.co.jp/report/detail/310.html

このレポートを読んで私のモヤモヤが晴れました。最も大きな気づきは、**株式とはリレーのバトンのようなものである**、ということでした。事業の過去である歴史やそれに連なる未来は、創業者をはじめとする企業に関わってきた人たちが脈々とつなげてきたリレーです。そして、そのリレーのバトンにあたるのが、株式なのです。

創業時に出資がなされることによってスタートしたリレーにおいて、いま株式を保有している投資家はそのリレーのバトンを持つ走者というわけです。私は、このレポートを読むことによって「投資家は、企業を支えてきたリレーの中で、いまバトンを持つ走者の一人である」というイメージを明確に持つことができました。

過去、現在、未来と続くリレーのバトンを持っているという感覚を持つことができれば、株価暴落があっても、その当日の夜、下がってしまった株価を見てうろたえはしないでしょう。リレーの走者の一人としての自覚があればバトンを強く握ることができ、「狼狽売り」を避けることができるはずです。

人間の命には限りがありますし、生きている中で何らかの事情で自分の資産を換金する必要も出てくることでしょう。一方、企業は永続する前提で事業を営んでいます。

人間と企業には互いの寿命や時間軸のギャップがある以上、株式を移転させる仕組みは不可欠で、その仕組みが株式市場です。株式市場があるからこそ投資家は新しいリスクある事業にも資金を投じることができ、結果として、これまで誰も思いつかなかった新しい事業、産業が生まれるのです。

企業の営みを永く続くリレーとして認識し、そのバトンを握る走者の一人としての役割を果たしているのだという自覚を一人ひとりの投資家がしっかりと持つこと。「企業を応援する」とは、そういうことなのだと気づきました。

株式の書籍や講座は山のように存在しますが、「株とは何か」について納得のいく説明に出会うことは、ほとんどありません。主体的に考えさせることを省略して話を進めてしまう事情もわからなくはありません。しかし、こうした株式投資の意義そのものをしっかりと腹落ちさせることこそが投資家にとって非常に重要だと私は考えます。昨今、注目されている若年層向けの金融経済教育においても、こうした意義が伝わることを切に願っています。

「投資家は、企業を支えてきたリレーの中で、いまバトンを持つ走者の一人である」

私はこの気づきを得たことで、以前にもまして強く心がけるようになったことが二つあります。

一つは、創業時の投資家の意思を引き継ぐべく、彼らが賛同したであろう創業者の志を理解することです。自ら興した事業を通して、何らかの形で社会に貢献したいという想いが創業者には必ずあったはずなのです。

もう一つは、その志を受け継いで発展してきた企業のこれまでの歴史を知ることです。

創業以来、脈々と続くリレーの目指す場所はどのように変わってきたのか、企業の沿革《えんかく》がそれを示しているはずです。

創業者の志に触れ、その後の事業の歴史を調べ、投資している企業をより深く理解しようと努めれば、その企業の株式＝バトンをより強く握ることができます。バトンをより強く握ることができれば、あなただけの投資ストーリーもよりしっかりとしたものになり、投資している企業により深く「のめり込める」ようになるでしょう。

「株価暴落の夜」には、「どれだけ深く企業にのめり込めているか」が、勇気を持って買いに行けるかの自信を左右します。それぞれの企業についてその度合いを確認することが、どの企業に高い優先度をおいて買い向かうのかを決める材料となるはずです。

「のめり込める」投資ストーリー

私が投資している企業のうち「主力」としている企業には、それぞれに私が自分でつくった投資ストーリーがあることは、ここまでで何度もご説明してきました。自分だけの投資ストーリーは、株式＝バトンをしっかりと握り続けるための拠りどころとなるものです。自分の投資しているそれぞれの企業について、5年後、10年後のビジョンや、その実現に向けてどのような経過をたどっていくかを自分自身で思い描くのがあなただけの投資ストーリーです。

企業によっては、次の社長は誰か、そのタイミングはいつか、といったところまで私なりの投資ストーリーを想像している企業もあります。また別の企業では、事業提携などの発表からその提携がいつ頃、どのような形で業績に貢献してくるかについて自分なりに想像（妄想）できている企業もあります。ここまでくると、自分自身で「のめり込んでいるなあ」という自覚が生まれます。相場の世界では「銘柄に惚れるな」などとよく言われますが、この「のめり込んでいる」状態を、私はむしろポジティブにとらえています。**のめり込めてこそ「主力」なのだ**、と。

そのように「のめり込めるか」に大きく影響するのが、その企業の創業の志や事業の軸です。そもそも、その企業は何のために事業をしているのか、その創業の志には、事業の軸となるものがセットになっているものです。その軸がしっかりと維持されているか、あるいは、軸を外すことなく事業環境にどう適応させているかについては、とくに注視しています。新しい事業提携や買収、新規投資についてもその視点で評価します。

私がどれだけ「主力」の企業にのめり込めているかをイメージしてもらうために、ここから私の現在の主力の企業の1社、ダブルエーを例にご説明します。ダブルエーは婦人靴、婦人アパレルの製造小売業を展開している企業です。

ダブルエーの創業以来の事業の軸は、生産現場と小売の販売現場との「直通」にあり、というのが私の投資ストーリーです。販売と商品開発での人材の配置、中国の製造工場との関係、いずれも情報の「直通」が強く意識されています。なにしろ創業時の社名が「直通企画」だったくらいです（この経緯は、過去からのIRご担当者様とのやり取りを通じて深く知ることができました）。

余談ですが、私は最近（2024年8月）、創業時に社名に込めた思いも含め、創業ストーリーを外部にも知らしめて共感につなげるために、企業のホームページに掲載してはどうかと提案させていただきました。そして、そこで悪くない感触を得ました。2024年10月からホームページがリニューアルされ、自分の提案がどれだけ影響したのかは分かりませんが、TOP MESSAGEとしてこの辺りの記載が付け加えられるようになったことを大変嬉しく思っています。

話は戻りますが、この「直通」という軸をもとに、私はこの会社の事業、ビジネスモデル、商品展開、オペレーションを主体的に調べてみたのです。

ダブルエーの株を最初に買ったのは2019年11月のことです。ダブルエーの株式上場は2019年11月1日で上場したその月に買ったわけですが、私自身の投資では極めて異例のことです。新規上場企業は上場から半年程度寝かす、様子を見るというのが一般的なセオリーであり、私も今でもそう考えています。私がダブルエーを知ったきっかけは、とある女性投資家とのふとした会話でした。その会話の後、事業を調べ始めると、投資家向けに開示している資料から私は次のことを直感したのです。

「これは、婦人靴のユニクロだ」と。

資料で最も感心させられたのが効率性を示す数字であり、販売効率、事業に使っている資産の効率の高さでした。ダブルエーはこの効率がずば抜けていました。とくに売り場での商品の回転率が同業の倍以上であることに私は驚かされました。これを実現できるのは、高度なオペレーションがあるからにちがいない、そう考えたわけです。この考えを確かめるために実際にお店に足を運んでみました。商品の陳列を見て感じたのは、イメージづくりの上手さ、そして「売るために本当に必要な在庫だけを店に置いている」という感覚を持ちました。よく考えてみれば、靴は洋服・アパレルに比べてはるかに面倒な商材です。商品そのものがかさばり、サイズ展開も広い（つまり、在庫管理が難しい）上に、顧客の一人ひとりの足へのフィットを確認する接客も求められます。しかしダブルエーはそれでもなお、洋服・アパレルの名だたる製造小売業者の数々よりも高い効率を実現していたのです。

ダブルエーは創業者、肖社長が2002年2月、前身の直通企画を創業してスタートします。肖社長は、倒産してしまった靴メーカーで5年ほど働き、中国で生産担当をしていた際、介在するプレイヤーの多い業界のあり方に疑問を感じていたようです。中国出身の肖社長は、協力工場の製造ラインを年間で押さえ、工場に生産平準化のメリットをもたらしつつ販売現場への安定供給体制を構築するなど、製造と販売の「直通」を強く意識した経営判断を創業時から実行していたことがわかります。

婦人靴の製造小売り事業としてずば抜けた効率性ありと大いに感心させられたわけですが、上場の翌月、2019年12月に2020年1月期の業績予想を下方修正するという事態が発生。この年の秋に大規模化した香港でのデモ、秋口の大型台風が影響していたようですが、この発表には大いに落胆させられました。しかし、私はここで売ってしまわずに思いとどまったのです。外部環境がこうでは致し方なかろう、といういわば「執行猶予《しっこうゆうよ》」です。

しかし、悪いことは続きます。2020年1月以降の、新型コロナウイルスの蔓延《まんえん》です。

このタイミングでは、何よりも中国での生産体制に大きな不安を抱きました。一方で、ダブルエーのIRへの照会から中国の協力工場との強い関係を再確認できたのもこの頃です。

　そしてまさにコロナ禍まっただ中の2020年3月に、当社にとって大きな転換点となる一つの経営判断が発表されます。婦人靴メーカーの卑弥呼の買収です。買収の際に追加の借り入れがないことを知り、高い値段での買収ではないことに安堵《あんど》するとともに、旗艦ブランドの「オリエンタルトラフィック」と補完し合える資産を手にすることができたと期待をふくらませました。2020年1月期の決算も無難な着地でしたので「執行猶予」は終了し、感染拡大の際の不透明感から一部売却していた株を急いで買い戻し始めました。この決算、実は予想値の達成が難しいのではないか、と危惧《きぐ》していたのですが、しっかりと達成できたことから、業績をしっかりとコントロールできる力をダブルエーの経営陣から感じ取りました。

　2020年4月、コロナウイルスのさらなる感染拡大で緊急事態宣言が発令されました。外部環境で試練が矢継ぎ早に続きます。しかし、ダブルエーではここでもタイムリーに、スピーディに策が講じられました。

　マスクの28万枚配布に加え、医療従事者支援として応募者全員、2万足を超える靴を提供、さらにはスニーカーブランドの認知度アップを意図した山手線への広告出稿。ダブルエーの企業理念「いつでも想像以上に満足のできる商品・サービスを提供します。」をまさに表現しているかのようでした。このスピード感、外部環境に応じての思い切った投資実行から、私はこの企業の企画力、実行力を感じ取ったのです。緊急事態宣言下でのウェブでの販売強化がきちんと結果を残せていたのも好印象でした。

ダブルエーの事業の強みを自分であらためて分析してみると、高い利益率と在庫回転率の両方を実現していることに行きつきました。利益率、在庫回転率の両立は、多くの企業においてはお互いに相反するものです。これを実現させたのがダブルエーのオペレーションです。端的に言えば、少量かつ高頻度で発注・生産できる体制です。これをダブルエーは、製造と販売を直通させることで実現させました。

さらに私がダブルエーに「のめり込む」のを決定づけたのが、女性が輝ける企業だと感じたことです。

取締役4名のうち肖社長を除く3名が女性、管理職も7割が女性です。変化へのスピーディな対応が求められる業態ですので、顧客の気持ちに寄り添えるこの構成は非常に有利だと考えています。取締役の一人、卑弥呼の社長も兼ねる新井取締役がロールモデルとなっているのも特徴的です。新井取締役は、ダブルエーとしての最初の店舗「オリエンタルトラフィック」1号店のアルバイトからスタートし、さまざまな業務の経験を経て今のポジションに就いていますが、ダブルエーのオペレーションの強みを卑弥呼で忠実に再現すべく尽力されているのは非常に心強く感じています。

ダブルエーの、私の現在の投資ストーリーには、どこかの時点で目にすることを期待している、新社長の人事まで含まれています。

このように、企業が展開する事業の軸となるコンセプトと、それに応じた打ち手への納得を感じる回数が増えれば増えるほど、私自身の投資ストーリーはクリアに、そして、頑《がん》丈《じょう》なものになっていきます。こうなると「のめり込み度」も俄《が》然《ぜん》高まっていきます。

当然、投資家対応を担うIRご担当者様、その組織との関係も強くなっていきます。ダブルエーに関しては、ここまで「のめり込む」ことになったのも、私の問い合わせに真摯《しんし》に付き合ってくださったIRご担当者様のおかげです。そのおかげで自分がその企業のオーナーであるという感覚＝オーナー感覚がいっそう強くなりました。「のめり込める」投資ストーリーが固まっていくのにあわせてオーナー感覚も強まっていくものです。オーナー感覚が強まってくると、企業にもよりますが、株式市場や社会にまだ気づかれていない実力、魅力を見つけられることがあります。そんな実力、魅力を見つけることができれば、もっと適切で正当な評価を得てもらいたい、強いオーナー感覚をよせる企業に対してその手助けをしていきたいという願いが強くなっていきます。

投資ストーリーが終わるとき

企業価値、企業の実力を拠りどころにした株式投資に主体的に取り組むことを心がけているのですが、「のめり込める」状態が長く続く企業に出会えることは実は少ないものです。創業の志や価値観、事業の軸への共感、応援したいという気持ちが私の投資ストーリーのベースですので、投資している企業の経営判断がそこから離れていくことも多々あります。当然、そうした場面になると、投資ストーリーは変化します。場合によっては、ストーリーそのものが終わってしまい、保有していた株式を全て売却することもあります。

私のかつての「主力」から投資ストーリーが終わってしまった例を一つ挙げると、リログループになります。

リログループは企業の福利厚生のアウトソース企業で社宅管理や福利厚生運営代行、海外赴任支援を展開しています。「日本の人事総務部」とも言えるようなビジネスモデルで強固なストックビジネスを築き上げ、高い成長を実現していました。その成長を支えた体育会系的な企業文化も評価していました。2011年の投資開始以降、私に大きな利益をもたらしてくれた企業です。しかし、既に全ての保有株式を売却しています。

私がリログループにのめり込めなくなった理由は、米国での大型買収でした。2019年に米国企業を225億円で買収したものの、その翌年にはこの買収に関連して大きな損失を発生させました。要は非常に高い価格での買収だったのです。グローバル展開を意図した買収だったのですが、私には身の丈を超えた拙速《せっそく》な判断に見えました。私が抱いていた「日本の人事総務部」としての投資ストーリーにはこのような買収は含まれていなかったこと、不幸なことにコロナ禍が重なって人の移動そのものが減り、リモートワークが定着していった(=当社の業務に大きく関わる転勤や海外赴任の機会が減っていった)ことから、徐々に株式売却を進めていきました。まだ「のめり込める」投資ストーリーが新たに生まれることを少しは期待していた部分もあったので株式の売却は時間をかけたものになりましたが、結局、その期待は実現しませんでした。

全ての株式を売却し終えた後、リログループのそれまでを業績、財務の数値をもとに振り返ってみました。

売上高に対する収益性から確認してみました。純利益を売上高で割った売上高純利益率は、2019年3月期には5%を超えていましたが2020年3月期には1・2%まで低下しています。ただこれはすでにご説明の損失計上による影響が大きいので、利益率の変化に関してはそこまで重く見る必要はないかと思います。ただ一方、財務、特に自己資本比率に着目すると、もう少し早い段階で変調していたことが見て取れました。自己資本比率とは、企業の総資本(総資産に対し元手となっているもので、総資産=総資本となります)のうち銀行などの他人への返済の必要のない資本がどの程度占めているかを示しており、企業の財務の安定性、安全性を見る指標の一つです。リログループの2017年3月期末の自己資本比率は約40%でしたが、翌2018年3月期末には33・5%と6ポイント以上減少していました。米国での買収以前ですでに財務の安定性が後退していたわけです。自己資本比率の減少の一因が、有利子負債《ゆうりしふさい》(銀行等の金融機関などから調達した、借入金や社債等)を積極的に使っての総資産の増加でした。総資産は増加したものの、売上高の伸びはそのペースには追いつかず、資産の回転率は落ちてしまいました。リログループ自身は「成長」を目指して様々な打ち手を講じていたものの、結果としてはやや「膨張」気味であったと私は総括しました。

リログループは「日本の人事総務部」としてストックビジネスを軸に手堅く成長を追求するという姿勢、価値観が私の投資ストーリーのメインだったわけですが、米国での身の丈を超えた買収がそのストーリーを終わらせていたのです。

大きな損失計上で業績、数値が傷ついたのは確かですが、私のストーリーを終わらせたのは、米国での事業買収という経営判断そのものでした。投資ストーリーのメインは事業であり、経営判断であり、それらが創業の志や企業の存在意義と合致しているかを私がとくに重視していることをお分かりいただけたでしょうか。

株主総会出席のススメ

私は個別株長期投資を始める際、1単元からの投資をおすすめしています。その理由は、1単元の株を買いさえすれば、株主総会に出席できるからです。私は、年間で十数社の株主総会に出席するようにしています。実は会社員時代から有給休暇を取得して株主総会に参加していたりはしたのですが、会社を辞めてから自由が利くようになったので、より遠方で開催される株主総会にも旅行とからめて足を運べるようになりました。株主総会の一番の魅力は、普段なら直接対話することができない経営者と直接に対話することができることです。魅力的な経営者が経営する企業であれば、株主総会に出席することが目的で1単元の株を保有することもあります。

印象に残っている株主総会は多々ありますが、何と言っても2022年6月に行われたニデック（当時は日本電産）の株主総会は強烈でした。会長・永守氏の「永守節」を一度、ライブで浴びてみたいと考えて事前に株式を取得していたのです。午前10時開会、9時35分には250あった席が全て埋まりました。総会の前半、戦略と展望を永守氏が説明されたのですが、マシンガンのようなトークで独演会状態でした。

「投資すべきところは投資しなければあきまへん。種をまかんと花は咲きまへん。株価は下がっているが、種をまく時くらいは静かにしてもらわんと。

今は株の買い時ですよ！

NY《ニューヨーク》やらメタメタですが、こんなチャンスはあらへん。こういう時に買わんとアカンのですよ！　安く買って高く売るのが株。長期で持ってもらったら必ずリターンがある。そういう事業ですよ。」

2022年6月の当社の株価は最高値9016円、最安値7830円という水準にありました。2021年を13520円で終えていましたのでそこからすると株価低迷と言える状況でしたが、永守節は強気、超強気でした。

「モーターの前途は明るいなんてもんじゃない、ヤケドしますぜ!?(会場笑) 5年、10年、30年先を見て新製品を出していく。それに関連する半導体を作りますよ、うちは。ですからね、今が買いだ! っていうことなんですよ。これから上がります。株主総会もね、株価が下がる時を選んでやっているんですよ(会場爆笑)。後継者問題も週刊誌を賑《にぎ》わせていますけどね、あれはほとんどウソ。そういうことも書いてもらえるだけの会社になったということ!」

ニデックが手がける事業の未来、人事、そして株価——株主が気になっている内容をどこまでも熱くストレートに語る永守氏です。株主からの質問への対応はさらにヒートアップします。

たとえば中国での事業のリスクについて質問されると、こう答えられます。

「リスクのない国は無い！　全体の比率を考えて進出している。何かあっても会社が大きな打撃を受けないというのが基本。（今は）たまたま中国に売り先が多いということ。もしも何かあったら、全部置いて帰ってくればいい。どこかの国に集中して出すことは考えていない。ビジネスとして安全かどうかを見る。一番危ないのが日本ですよ（会場笑）」

さらに配当について質問されると、

「（株価が）いちいち上がった、下がったなどと言う方がたくさんおられる。配当性向は30%を目安にしているのは、配当を支えに長期で持っていただいている方、銀行も株主にいるから。うちがアメリカの企業だったら配当はしませんわ。その方が遥かにリターンは大きくなっていたはず。ところが日本ではぐちゃぐちゃ言われる。株が下がったとか配当が少ないとか。」

という率直な答えがテンポよく繰り出されました。

これを受けて質問の主が「テスラやアマゾンはこの期に及んでも配当をしていない。現在の配当を犠牲にしてでも、成長資金に充てていただくなり、有利子負債の償還に充てるなりしていただけないか？」と追加でコメントされると、永守氏はさらにこう述べられました。

「言われたことはその通り！　日本の会社だから我慢している。我慢しているが、京都に10兆円企業をぜひ作りたい。株主全員が賛成するなら配当を止めますけど（会場笑）」

私は初めてライブで浴びた永守節に大いに魅了されました。そして、この模様を私のブログで紹介したところ非常に多くのアクセスを得ることができ、永守氏の会長としての魅力、コンテンツ力の強さをひしひしと感じました。

https://6suke.com/nidec202201/

翌年、2023年6月、ニデックに社名変更した最初の株主総会にも私は出席してみました。こちらの模様を紹介したブログもたくさんの人がお読みくださったようです。

https://6suke.com/nidec202301/

成長を目指す会社が事業で得た資金、利益をどのように使うべきなのか、配当はどうあるべきかについて、永守氏は2023年6月の株主総会ではこんなふうに説明されていました。

「この会社は成長する会社なのか、新しいもの何も出て来へんと、だから売上もほとんど横ばいなのかという問題。そう(売上が横ばいに)なったらね、配当上げるしかないんですよ。だけどそうでない会社はね、配当に持っていくお金があったら、新しい事業をやって、株価上げた方がいいんですわ。そういう考え方を理解していただかないと。配当金もっと欲しいと仰るならば、うちの株は適当ではありません。」

ニデックの足元(2024年11月末)の株価は2700円台(注:9月27付で2分割しました)と、二倍しても2022年6月当時の株価水準を下回りますが、京都に10兆円企業を、というビジョンを実現させることができるのか、今後の事業の展開が注目されます。

ニデックの永守氏はなかなか特別な存在と言えるかもしれませんが、経営者の事業の肉声を聞くことができる株主総会の魅力をもっと多くの投資家に認識してもらえたらと感じていますので、これからも出席した株主総会の模様はブログで発信を続けるつもりです。

株主総会出席までに準備しておきたいこと

ニデックのようなエンターテインメント性が強い株主総会を行う企業でなくとも、実際に株主総会に出席すると様々な発見があります。その発見の一つは、経営者とその経営者を支えている経営幹部との関係です。経営チームのチームワーク、役割分担の実態が一番よくわかるのが株主との質疑応答です。

株主からの質問全てに一人で対応する経営者もいれば、担当する経営幹部に回答を任せる経営者もいます。回答を任された幹部の答えが今ひとつであることもあれば、的確に回答されることもあり、企業によって非常に大きな違いが見られます。当然ですが、株主からの質問に的確に回答する経営者や経営幹部の存在を感じることができると、その企業への信頼感、安心感が強くなります。株主総会に出席して得た発見を拠りどころにして株を買い増すこともあります。もちろん逆に、総会の出席での発見、気づきをもとに売却することもあります。

株主総会への出席をより大きな意義あるものとするために、私は経営者への質問を普段から用意してためておくようにしています。それらの質問は、経営者に向けて大きな未来のビジョンを問いかけるようなものとするように意識しています。細かい数字の話は、総会のタイミングにこだわることなく、投資家への対応を担っているIRチームに照会することができますが、企業の未来のビジョンは経営者にしか答えることができないものだからです。経営者と直接に対話できる場なのですから、未来の話にフォーカスしたい、というのが私の考えです。

株主総会では株主から様々な質問が寄せられます。株価の話、配当の話、株主優待の話、こうした話が続くとうんざりすることもありますが、その企業にどんな株主がいるのかを知ることができるのは助かります。また、私の場合、どうしても未来の明るい話を聞いておきたいと考えているので、他の株主から事業のリスクや懸念事項についての質問が寄せられると、その質疑応答は非常に参考になるので有り難く感じています。長期投資にふさわしい企業には、長期目線で物事を見ることのできる株主が集まっていると実感するところです。株主総会は経営者と直接話せる貴重な機会であり、参加している株主の質を確認する機会でもあるという認識を持ちつつ、これからも積極的に出席していきたいと考えています。

株式投資という「推し活」

株式投資には応援の要素がある以上、「推し活」と言える面が数多くあります。「推し活」の活動・行動としては、こんなことがよく言われていますよね。

【推しに逢う】
【推しに触れる】
【推しに染まる】
【推しを広める】
【推しを感じる】

これらの活動・行動は株式投資でも可能です。投資先企業の「推し活」はできるし、むしろ長期投資につなげていく観点では積極的に実行すべきだと思います。

具体的にできることとして次のような行動が思い浮かびます。

【推しに逢う】 株主総会やIRイベントに参加する／IR照会をする／聖地巡礼（本

社・店舗など）をする

【推しに触れる】　商品やサービスを利用する

【推しに染まる】　推しの経営理念を暗唱する／ファッションではコーポレートカラーを意識する（笑）

【推しを広める】　SNSで魅力を語る／布教する

【推しを感じる】　一人静かに推し企業のことを想う／社会課題を解決する従業員の方々の頑張りに今日も感謝する

アイドルでもアニメでも鉄道でも何でも、自分の「推し」についてはいくらでも語り続けられますよね。投資においても、できればそれくらいの状態にまで持っていきたいもの。あなたが本気でその企業を「推し」ているなら、きっとそこまでいけるはずです。

自分の琴線《きんせん》に触れる企業のことを、延々と語れるまでに深く理解できているのなら、自信を持って長期にわたって保有できるはずです。それはまるで少年だったアイドルがいつしか大人の俳優になっていくのをファンが人生をかけてじっと見守っていくように、自然と長期投資になっていくはずだと私は思うのです。

もちろん、おかしな企業をつかんでしまわないように、投資に値する企業を見抜けるだけの知見は必要でしょう。ただ、さまざまな方面から調べていく中で「推せる」レベルにまで達している企業であれば、少なくともあなたにとっては価値のある企業なわけですから、あなた自身の投資対象としてふさわしい可能性はそれなりに高いことでしょう。

その意味で、私は女性投資家の多くが優待投資家（＋お小遣い稼ぎ短期トレーダー）に留まっているように見える現状をもったいないなあと思って見ています。

投資に「推し活」の観点を採り入れれば、それがきっかけで優待投資家以上の楽しみ、喜びを得られる可能性があります。

株式投資を「推し活」として考えてみると、ここでも「自分で」という主体性が重要なことがお分かりいただけると思います。他の誰か、他人が選んだ対象をあなた自身が推せるか、ということです。あなた自身が好きだから、共感するから、応援したいから「推す」んですよね。もしかしたら最初のきっかけは、友人や知り合いかもしれません。でも、本腰を入れて「推す」ようになるためには、自分がのめり込んでいなければ無理ではありませんか？

「推す」ためには誰の承認も必要ありません。そこにあるのは自分の意思だけです。そしてやはり、これはプロ投資家であり、顧客の顔色をうかがわなければならない機関投資家には難しい投資でもあるのです。

第9章

個別株長期投資家
だからこその出口戦略

「岩盤支持層」をつくりたい

私は2019年、長年勤めた会社を退職しました。それまでは会社の意思に反した発言や行動を許されず窮屈に感じることが多々ありました。また、会社員の立場では私が有望だと感じたお取引先であっても、会社の上司が認めなければ決して営業ができないということもありました。しかし退職してからは、自分が有望だと評価した企業に自分の判断で投資でき、さらにその企業に気兼ねせずに自由に意見できることに心地良さを感じています。

「退職」という事実だけをご覧になると、私の現状をFIRE：Financial Independence Retire Early（経済的自立を達成、早期退職）だと思われる方もいらっしゃるかもしれません。しかし、私自身はFIREという意識は持っていません。正直に言うと、FIREという言葉があまり好きではありません。私自身について言えば、毎月決まった収入が得られる会社員ではなくなりましたが、現時点においてはリタイアしているという意識は持っておりません。新しいゴールを見出し、それに向けて日々活動しているからです。

そのゴールとは、日本の素晴らしい上場企業の数々とコミュニケーションをとりながら、株主として長期目線で支える「**岩盤支持層**《がんばんしじそう》」をつくるお手伝いをすることです。政権や政覚を少々のことではびくともせずに支え続ける有権者のような株主が増えれば、長期目線で物事に取り組むことができ、企業経営もしやすくなりますよね。将来にわたってしっかりと稼げる可能性を持っているにもかかわらず、株式市場から十分な評価を得られていない素晴らしい上場企業は、実はまだまだたくさんあると考えています。それらの企業は、その企業の実力、価値をつかめている投資家が少ないことが理由で、株式市場から適切な評価が得られていないのです。これからの未来、大きな可能性にあふれる素晴らしい企業を強固に支える意思の強い株主を一人でも多くふやしたい——私はいつしかそんな想いを強くするようになりました。**素晴らしい企業をしっかりと長期的に支持する意思にあふれる株主が、私の定義する「岩盤支持層」なのです。**

素晴らしい実力のある企業の存在に多くの投資家が気づくことができない最大の理由は、企業側よりも株価ばかりに注意を向けている投資家側に問題があるからだと私は考えています。

株価だけを見ていても企業の真の実力を読み取ることはできません。この本で何度も繰り返し述べてきたように、株価はその企業の実体ではなくて「影」だからです。

株価だけではなくて企業の創業者の志、ビジネスモデルの特徴、現時点での経営者の想いや意思に注意を向けはじめると、企業の見え方は徐々に変化していくものです。そしてこうした見方を心得ている投資家であれば、自分の投資している企業にとっての「岩盤支持層」になることができるはずです。

「岩盤支持層」になるための見方を身につけるのに必要となるのが「主体性」です。自分自身の価値観や思考法がしっかりと固まっていないと、企業の経営者やビジネスモデルに共鳴することは難しいでしょう。

一方で、そういった思考法があることを知っていただく機会をつくり、それに慣れ親しみ共感いただくことで、「岩盤支持層」となれる投資家をふやすことができるのではないか、と私は考えるようになりました。

非常勤ですが会社で働き始めました

会社を辞めてからしばらく経って企業の「岩盤支持層」となる個人投資家を増やしたいという考えが強くなってきたところで、つばめ投資顧問《とうしこもん》のウェブサイトで人材募集をしていることを知りました。

つばめ投資顧問は、2016年2月に代表の栫井《かこい》駿介《しゅんすけ》氏が設立した投資顧問会社で、個人投資家向けに投資情報、学習のためのコンテンツを提供する形で投資助言を行っています。

以前から私はつばめ投資顧問の考え方、とくに、企業の価値をもとにした長期投資の考え方には好感を寄せていましたが、この求人に興味を持った理由がもう一つありました。それはプロの投資家、機関投資家でしか得られない情報収集の機会です。具体的には、対象を機関投資家に限定した決算説明会やIRミーティングへの参加が可能となることです。上場企業の多くが設けている機関投資家向けのイベントには、個人投資家では参加することができません。しかし、投資顧問会社は機関投資家として業界で認識されていますので、つばめ投資顧問に関わることができれば、機関投資家でしか得られない情報収集の機会を得られるだろう、と考えたわけです。

私はこのような動機からつばめ投資顧問の人材募集に応募することにしました。ただフルタイムでの勤務という意図はなかったので、正社員としての応募ではなくて何か別の形で事業のお手伝いができないでしょうか、という趣旨のメールを送ったのです。

すると間もなく、つばめ投資顧問の代表を務める栫井さんから「ぜひご一緒したい」とのお返事をいただくことができ、非常勤の顧問というポジションでお手伝いさせていただくことになりました。このポジションに就いたことで、私はつばめ投資顧問が推奨している企業と「機関投資家の立場で」対話する機会を持つことができるようになったのです。

そうして新たな立場での対話そのものが新鮮だったのですが、何社かと面談してみて改めて気がついたことがありました。それはＩＲご担当者様の方々の多くに共通する悩みです。その最大の悩みは「どうすれば個人投資家に自社の価値を理解してもらえるのか？」「個人投資家が投資するにあたって何を見ようとしているのかがなかなかつかめない」というものです。ＩＲご担当者様（およびその後ろにいらっしゃる経営陣）が実現したいのは、企業を深く理解し株を長期保有してくれる株主を増やすことです。私自身、個人投資家として投資先企業のＩＲご担当者様とコミュニケーションをとっている中で、確かに同じような悩みを聞くこともありましたが、そこまで多くの企業にとっての切実な悩みであるとまでは思い至りませんでした。

これまでつばめ投資顧問との関係で、機関投資家として「大型株」に属する企業から「中小型株」に属する企業まで、対話の機会を度々持ってきました。その中でも特に右記の悩みが切実なのは、主に株式時価総額があまり大きくない、いわゆる「中小型株」の企業です。こうした企業の多くは株式の取引量やその金額がさほど大きいわけではないので、機関投資家の存在感が少ないのが実状です。時価総額の大きくない中小型株は、その売買に与える影響力を踏まえれば数十億円単位、さらに言えば数億円単位でも保有が困難となるため、大きな資金を背景に結果を求められる機関投資家はなかなか中小型株には近づけません。このため、中小型株のプレイヤーは個人投資家が主となっています。しかしながら、将来にわたり大きく稼げる実力ある企業をじっくりと保有して、その価値増大からのリターン獲得を目指すスタンスは、個人投資家ではどちらかと言えば少数派です。中小型株の取引では、短期でのトレーディングで売買益を積みあげようとする「波乗り」型の投資家が多数派となっている印象です。

こうした現状は、上場企業のＩＲご担当者様の悩みからも見てとることができます。つまり、投資される企業が求めている個人投資家像と、現実のプレイヤーとしての個人投資家との間に、大きなギャップが存在するということです。

一方で、機関投資家が近づくのが難しい中小型株においては、「岩盤支持層」たりうる個人投資家は大きな可能性を秘めていると言えます。というのも、個人投資家であれば、投資の拠りどころとなる投資ストーリーや投資期間を、自ら主体的に決めることができるという利点があるからです。機関投資家は四半期、半年、一年といった形で期間を区切られた上で、他社との比較にさらされながらその時間の中での成果を求められ、資金を提供しているオーナーに逐次報告する必要があります。このように時間が区切られてしまうと、企業が事業を育てようとする時間軸とは当然のようにギャップができてしまいます。企業の営む事業には、その事業ごとに時間軸があるものです、たいていの企業には5年、10年、あるいはもっと時間をかけて育てている息の長い事業が多々あります。しかし、残念ながら機関投資家はその事業に応じた時間軸で寄り添うことは困難です。これに対して、**個人投資家には「時間」という武器**があります。

個人投資家のもう一つの利点は、独特の投資ストーリーをもとに投資判断をしても全く問題がないことです。機関投資家はチームのメンバーや顧客に対しての説明責任がある以上、投資判断の場面ではある程度常識的で無難な投資ストーリーを拠りどころにせざるを得ない面があります。言い換えれば、突飛《とっぴ》な投資ストーリーは許されないということです。

さきほどお話ししたように、主力で投資している企業の1社については、未来の社長人事までを視野に入れた投資ストーリーを投資の拠りどころとしています。何年後かはわかりませんが、私がこれぞと見込んでいる取締役の一人が新社長に就任する頃には、きっと誰もが認める企業へと成長をとげていて、株式市場からは購入時の数倍の評価を得ているだろう――と。このような投資ストーリーをもとにした株式投資は、機関投資家にはなかなか難しいでしょう。個人投資家だからこそ、自分一人でつくった投資ストーリーをもとに意思を貫《つらぬ》いて投資を続けることができるのです。

株価ではなく、事業の本質、企業の実体を見極めようとする個人投資家が増えれば、自ずと「岩盤支持層」が広がります。そして、「岩盤支持層」に支えられた企業は、長期目線で安心して粘《ねば》り強く事業を育てていくことができるのです。私もそのために貢献したいと考えています。現在その想いに基づき、時間軸を共有できる「岩盤支持層」候補の方々にリーチできるようなIRのしかたを、個人投資家としての私の経験、そしてつばめ投資顧問の会員の皆さまから集めた声をもとに、企業に対して助言させていただく活動を行っております。願わくは、つばめ投資顧問のサービスが企業と個人投資家との間を結ぶ「架け橋」になれるよう、現在私なりに奮闘《ふんとう》しているところです。

株式投資の出口

最後に、私がこれまで続けてきた株式投資をこれからどのようにしていくつもりなのか——いわゆる「出口」についての考え方もくわしくご説明しておきたいと思います。長期投資を始めてある程度の長い時間——だいたい20年くらいでしょうか——それくらいの期間が経つと、多くの投資家は投資家としての「出口」を具体的に意識し始めるように感じます。

なお、株価暴落で「狼狽《ろうばい》売り」してしまうと、それが投資の出口になってしまいます。最も残念な結末は避けなければなりません。数年に一度必ずやってくる株価暴落の際に、心理を上手くコントロールし、将来にわたり稼ぎ続ける実力を持つ素晴らしい企業を安い株価で買うチャンスをつかめていれば、応援する企業の発展とともにあなたも大きな資産を築くことができているでしょう。投資の出口は、できればそうした幸せな状態で迎えたいものです。

話を戻しますと、資産運用の教科書的には、投資家が年齢を重ねるにつれてたとえば債券のように価格変動リスクが比較的少ない資産の割合を少しずつ増やしていくのが「出口」として難の少ないセオリー、王道とされています。そのセオリーそのものには私も異論はありませんので、いずれは私も価格変動リスクの少ない資産として債券をポートフォリオに加えることがあるかもしれません。しかしそれでも、資産のメインはその資産自体が力強く価値創造を続けるという意味において、事業活動を裏付けとした株式であり続けるだろうと考えています。

私が尊敬する投資家のお一人に故・竹田和平氏がいます。竹田氏はタマゴボーロで有名な製菓業、竹田製菓（現在、竹田本社）の創業者でした。それだけではなく、上場企業に投資する投資家としてもご活躍されていたことで知られています。竹田氏は一時期、小型株をメインに130社以上の上場企業の大株主となるほど、数多くの企業に投資されていましたが、2014年以降、加齢による運用の難しさから徐々に投資先を減らし、最終的には大型株6、7社にまで絞り込む方針であったと聞きます（2016年に83歳で他界されました）。

〝竹田和平氏保有株絞る、ROE重視で大型―経営も恩返し大切〟

https://www.bloomberg.co.jp/news/articles/2014-09-15/NB29YB6K50YE01

現在の私の投資先は全部で20社程度であるため、投資先数で竹田氏とは大きく異なっていますが、今後は竹田氏と同じように、長い目で見れば投資先を厳選しながら大型株へと徐々にシフトしていくことも考えられます。

ただ私の場合は、まだ少なくとも数年単位のレベルでは投資先を大きく入れ替えていくことはなさそうです。というのも、現在の主力の投資先企業は、今後の大きな成長を見込んでいる中小型株が中心であり、まだまだこれらの企業が成長して、その結果として株式市場からより高い評価を受けるのを楽しみたいからです。そうした未来が期待通りに実現できたころには、それらの企業の比率を徐々に落としながら、一部は別の企業の株へと移し替えていくことになるかもしれません。そしてその際に比率を増やしていくとしたら、株式時価総額の大きな、日本のグローバル企業になるだろう、とも考えています。

素晴らしい日本の企業から「遺せる株」を選びたい

10年後、20年後、私の主力の投資先はこれまでと変わらず日本企業であり続けると想像しています。日々の生活に密着し、廃れることなく逆にファンを増やし続けるようなブランドを持つ日本企業がそのイメージです。海外、とくに欧米の企業には、こうした条件に当てはまる企業がすぐにいくつか思い浮かびます。しかし、たとえば「マグニフィセント・セブン」のような、今まさに我が世の春を謳歌《おうか》する企業であっても、10年、20年先も今の地位を維持できているかは誰にもわかりません。そんななか、私は日本の社会課題解決に取り組む企業や、日本で実力を蓄え今日グローバルで活躍する企業を株主として支え、またそのことを通して世の中を元気づけられたら、と考えています。

今、投資家の世界では全世界株式（オルカン）、米国株式（S&P500）が大きな支持を集めているように、リスク分散、あるいは円安進行時における生活者としての購買力をカバーする観点からも、個人のレベルでも海外企業に投資することは合理的なのかもしれません。しかし、実際に私がそのような行動を積み重ねていけば、為替を円安にさせ日本人としての購買力減退に自ら加担しているように感じてしまうでしょう。日本人の購買力減退に関わるような投資をしたくないというのも、私が日本企業への投資にこだわる理由の一つです。

日本企業に期待を寄せるもう一つの理由は、自分の投資の出口として「相続」を想定しているからです。つまり、自分の家族に「遺《のこ》せる株」としてどうか、という観点です。既に述べましたが、繰り返しご説明するとおり、企業の株とは、その創業者、歴代経営者をはじめ、関わった社員の人たちの想いをつなぐバトンです。

そんなバトンを、次世代に、未来につなげたい――と心から感じられる素晴らしい企業の株こそが私にとっての「遺せる株」だと考えています。遺せる株には、投資家としての自分の意思をより強く込めたいのです。

株式を通じて創業者以来その企業に関わってきた人々の想いやストーリーがつながった、リレーのバトンを遺された者に託したいのです。その気持ちを、株式を受け継いだ家族にわかってもらえるのが今の私の理想であり、「株価暴落の夜」にも私がじっと一人で考えていることなのです。

あなたは、「株価暴落の夜」に何を考えますか?

大暴落《だいぼうらく》の夜《よる》に長期《ちょうき》投資家《とうしか》が考《かんが》えていること

二〇二五年一月二十七日 第一刷発行

著者 ろくすけ
©Rokusuke 2025

発行者 太田克史《おおたかつし》
編集担当 八木信彦《やぎのぶひこ》
編集副担当 太田克史

発行所 株式会社星海社
〒一一二-〇〇一三
東京都文京区音羽一-一七-一四 音羽YKビル四階
電話 〇三-六九〇二-一七三〇
FAX 〇三-六九〇二-一七三一
https://www.seikaisha.co.jp

発売元 株式会社講談社
〒一一二-八〇〇一
東京都文京区音羽二-一二-二一
(販売)〇三-五三九五-五八一七
(業務)〇三-五三九五-三六一五

印刷所 TOPPAN株式会社
製本所 株式会社国宝社

アートディレクター 吉岡秀典《よしおかひでのり》(セプテンバーカウボーイ)
デザイナー 山田知子《やまだともこ》+チコルズ
フォントディレクター 紺野慎一《こんのしんいち》
図版 ジェオ
校閲 鷗来堂《おうらいどう》

ISBN978-4-06-538317-9
Printed in Japan

324
SEIKAISHA SHINSHO

次世代による次世代のための

武器としての教養
星海社新書

星海社新書は、困難な時代にあっても前向きに自分の人生を切り開いていこうとする次世代の人間に向けて、ここに創刊いたします。本の力を思いきり信じて、みなさんと一緒に新しい時代の新しい価値観を創っていきたい。若い力で、世界を変えていきたいのです。

本には、その力があります。読者であるあなたが、そこから何かを読み取り、それを自らの血肉にすることができれば、一冊の本の存在によって、あなたの人生は一瞬にして変わってしまうでしょう。思考が変われば行動が変わり、行動が変われば生き方が変わります。著者をはじめ、本作りに関わる多くの人の想いがそのまま形となった、文化的遺伝子としての本には、大げさではなく、それだけの力が宿っていると思うのです。

沈下していく地盤の上で、他のみんなと一緒に身動きが取れないまま、大きな穴へと落ちていくのか？　それとも、重力に逆らって立ち上がり、前を向いて最前線で戦っていくことを選ぶのか？

星海社新書の目的は、戦うことを選んだ次世代の仲間たちに「武器としての教養」をくばることです。知的好奇心を満たすだけでなく、自らの力で未来を切り開いていくための〝武器〟としても使える知のかたちを、シリーズとしてまとめていきたいと思います。

2011年9月

星海社新書初代編集長　柿内芳文

SEIKAISHA SHINSHO